Amor valiente:

Una guía en pareja para superar el engaño

Dra. Stefanie Carnes

Gentle Path Press
P.O. Box 2112
Carefree, Arizona 85377

www.gentlepath.com

Primera edición: 2020

Para obtener más información con respecto a nuestras publicaciones, póngase en contacto con Gentle Path Press en el 1-866-575-6853 (llamadas gratis solo en EE.UU.)

ISBN: 978-1-940467-12-2

Este libro está dedicado a la comunidad del IITAP. Vuestra pasión por ayudar a las personas que sufren ha sido una inspiración para mí a lo largo de mi carrera. Mi gratitud por vuestro apoyo durante años va más allá de las palabras. ¡Este es para todos vosotros!

Table of Contents

Reconocimientos

Aprender el mejor enfoque para tratar a las parejas que luchan contra el engaño ha sido un largo viaje cuyo resultado ha sido un conocimiento ganado con mucho esfuerzo. En primer lugar, me gustaría reconocer a todas las parejas y familias que me han honrado, permitiéndome ser su guía a través de su trayectoria de curación. Sus historias y experiencias están en mi corazón, y he intentado compartir la sabiduría recogida de estas experiencias a lo largo de este libro. En segundo lugar, las mejores prácticas, con frecuencia, emergen desde un colectivo. He aprendido mucho de otros investigadores y autores, así como de mis colegas de profesión. Me gustaría reconocer al gran número de personas que comenzaron a conceptualizar la creación del trauma por engaño. Por ejemplo, el trabajo innovador de Shirley Glass en su libro, *NOT, "Just Friends" ("No, solo amigos", versión en inglés),* que ha sido fundamental para dar forma a este campo. Otros investigadores y autores que también han influenciado mi perspectiva incluyen el trabajo de Jennifer Fryed y Judith Herman, además de Barbara Steffens y Omar Minwalla, que han aplicado esta perspectiva al campo de la adicción al sexo en un momento que era primordial en mi desarrollo personal. Su oportuna perspectiva y trabajo pionero ayudó a allanar el camino de un cambio paradigmático a la hora de trabajar con familias que sufren el dolor del engaño.

También me gustaría dar las gracias a los investigadores pioneros que han trabajado en el trauma de la pareja. Ante todo, me gustaría reconocer el trabajo innovador realizado por Jennifer Schneider y Deb Corley, además de Mark y Debbie Laaser. Sus investigaciones y escritos fueron fundamentales en los primeros momentos de esta disciplina para reconocer la importancia de tratar a la pareja. Me gustaría enviar un especial reconocimiento a mi amigo Kevin Skinner, a quien he tenido el privilegio de enseñar a su lado de forma habitual. Su compasión por las parejas es interminable y sus investigaciones han sido una enorme contribución en este campo. También me gustaría reconocer a muchos de los terapeutas que han servido como defensores de las parejas engañadas, muchos de los cuales tienen sus propios libros, talleres, foros en la web y blogs para las parejas incluyendo Sheri Keffer, Dan Drake, Tim Stein, Jeanne Vattuone, Carol Juergensen Sheets, Marnie Breecker, Janice Caudill, Vicki Tidwell Palmer, Michelle Mays, Marnie Ferree, Claudia Black y Staci Sprout.

Hay tantos colaboradores en nuestra comunidad que es difícil mencionarlos a todos, y estoy muy agradecida por el trabajo que hacen con las parejas traicionadas.

También me gustaría reconocer a la gran cantidad de personas en nuestra comunidad que han servido como defensores de las parejas engañadas, particularmente en el ámbito de la enseñanza, educación y escritos sobre la revelación terapéutica. Me gustaría reconocer de manera especial a mi amiga Mari Lee, cuyo trabajo en el ámbito de la revelación terapéutica ha sido fundamental para avanzar en este campo. Además, ha pasado interminables horas apoyando a nuestra comunidad como facultativa y a través de su trabajo en nuestro comité de ética. Adicionalmente, Dan Drake y Janice Caudill ha aportado escritos excepcionales y enseñado sobre la revelación de los hechos utilizando un enfoque delicado con las parejas engañadas. Me gustaría agradecer a mi amiga, Barbara Levinson, su apoyo al crear documentos para nuestra formación en IITAP, en particular la escritura de la divulgación narrativa, por no mencionar su incansable apoyo al instituto y su apoyo emocional personal hacia mi persona. Me gustaría mencionar, además, a nuestra querida compañera, Brie Bergman, que popularizó el método de revelación "método de Brie", que supuso una mejora significativa en la estructura del proceso de divulgación terapéutica. Finalmente, me gustaría reconocer a Ken Wells por desarrollar el concepto de restauración emocional como parte del proceso de curación.

El IITAP no sería lo que es sin su increíble cuerpo docente: Ken Adams, Alex Katehakis, Debra Kaplan, Kevin Skinner, Greg Futral, Janie Lacey, Erica Sarr, Sheri Keffer, Mari Lee, Adrian Hickmon, Jenna Riemersma, Marnie Ferree, Craig Cashwell y todos los docentes de nuestros talleres que son demasiados para incluirlos a todos. Estamos tan agradecidos por vuestra pasión por el trabajo y vuestro compromiso por enseñar pura excelencia. ¡El IITAP no podría tener unos profesores mejores!

Me gustaría reconocer igualmente a las personas que me han ayudado en la preparación del manuscrito. Gracias a John Gottman, Alex Katehakis, y Kevin Skinner por leerlo antes de publicarlo y ofrecer sus comentarios y su fantástico respaldo en este trabajo. También quiero agradecer su labor a una de mis clientes, una pareja engañada que leyó voluntariamente el manuscrito (¡ya sabes quién eres!) ¡Gracias! Y, por último, a mi editor, Scott Brassart, Scott, ¡eres una joya! ¡Estoy tan agradecida por tu trabajo!

Sin mi equipo en IITAP, no habría sido capaz de terminar este libro. Gracias Jo, Amanda, Tara, Jan, Marina, Arieyana, Jeannine, David y, especialmente, Colleen (por su ayuda con el manuscrito). ¡Sois increíbles! Vuestras actitudes positivas, y el compromiso con nuestra misión por enseñar un tratamiento compasivo y eficaz a personas en sufrimiento, es una fuente constante de inspiración. Asumís la rutina diaria con un gran entusiasmo por el trabajo, porque sabéis que tiene un gran significado. Trabajáis juntos perfectamente y atravesáis nuestros retos con mucho ánimo. Vosotros sois el viento que me empuja y ¡agradezco cada día que estéis a mi alrededor!

Creo que también es importante reconocer a mis compañeros de The Meadows. Haber sido invitada como miembro superior en una de las mayores entidades en el mundo con el fin de crear un programa para mujeres que sufren trastornos íntimos, ha sido un punto muy destacable en mi carrera. Me sigo sorprendiendo de la increíble profundidad del trabajo clínico que somos capaces de proporcionar como equipo. Es un regalo formar parte de un grupo involucrado en transformar a diario, completamente, vidas en sufrimiento. Es un honor para mí ser colaboradora de la entidad junto a líderes increíbles en el campo del trauma y la adicción. A todos los administradores, médicos y al equipo de divulgación, ¡gracias por vuestros años de apoyo!

Por último, me gustaría dar las gracias a mi familia y amigos. Particularmente, a mi querido padre, Pat y su esposa Pennie, que me dieron su opinión sobre este manuscrito, además de su amor y apoyo. Papá, trabajar contigo ha sido como una aventura montañosa con muchos desafíos, con grandes picos y siempre con una visión del mundo increíble e inspiradora. ¡Gracias por acompañarme en este camino y por todo tu apoyo durante este periodo! A mis hijos Braiden y Justin, gracias por vuestra paciencia y comprensión cuando me tuve que ir de viaje y por ser la luz de mi vida. Es muy divertido ver los hombres fantásticos en los que os habéis convertido. ¡Tengo mucha suerte de ser vuestra madre! Y, finalmente, a mi pareja, José Carlos, gracias por ser mi gran apoyo, mi conexión más profunda, y por estar siempre ahí cuando las cosas son difíciles, e igualmente importante, por estar ahí cuando las cosas van bien. Haces que mi vida sea divertida y repleta de alegría y emoción.

Al escribir estos reconocimientos, podría escribir páginas y páginas reconociendo a todos los que me han apoyado en mi trabajo. Es maravilloso formar parte de esta increíble comunidad de personas. ¡Gracias a todos por ayudarme a ser valiente!

Stefanie

INTRODUCCIÓN:

Una visión general de la trayectoria de curación

La traición sexual es devastadora. Rompe la conexión más estrecha que tenías con una de las personas más importantes de tu vida: tu pareja. En este momento, mientras la herida todavía está abierta, tal vez es muy difícil imaginar cómo tú y tu pareja van a poner las piezas del rompecabezas de nuevo juntos. Tal vez dudes sobre el amor de tu pareja hacia ti, incluso creas que eres tú la/el culpable. Pensarás que no vas a poderte curar nunca, perdonar a tu pareja (o a ti mismo(a)) y seguir adelante. Puede que tengas miedo sobre tu relación, creerás que ya nunca va a ser segura, cálida, ni con la conexión de antes y te sentirás insegura(o) para poder seguir adelante. Probablemente te sentirás asustada(o) y desalentada(o).

Sea lo que sea lo que estás pensando, sintiendo o temiendo actualmente, debes saber, en este momento, que si estás dispuesto(a) a intentar sanar tu relación y a ti mismo(a), puedes lograrlo. Si tu pareja y tú estáis dolidos, pero todavía os queréis verdaderamente y deseáis que la relación funcione, ese tipo de sanación y restauración de los sentimientos es posible. Este libro puede orientarte en esta trayectoria de curación.

Se sugiere que tu pareja y tú leáis este libro juntos, lo estudiéis juntos y sigáis las recomendaciones juntos. También sugerimos que lo hagáis con el apoyo de un terapeuta, o, incluso mejor, de un equipo terapéutico. Por ejemplo, cada uno de vosotros podría tener un terapeuta individual, y juntos un terapeuta para parejas, con estos terapeutas comunicándose entre ellos cuando proceda y trabajando como un equipo para ayudaros a superar el dolor y el daño de la traición en la relación.

Este libro establece un plan de trabajo directo y que ha sido probado en la curación del engaño sexual. Ha sido utilizado por cientos de parejas con éxito. Por lo tanto, pregúntate a ti mismo(a) si todavía amas a tu pareja, y si estás dispuesto(a) a hacer un esfuerzo sólido y centrado para mantener tu relación. Si la respuesta a estas preguntas es sí, entonces sigue leyendo.

Esta es la cuestión: El verdadero amor no aparece muy a menudo en nuestras vidas. Si lo que tienes en tu relación es amor verdadero, entonces tienes algo por lo que merece la pena luchar. Pero después de un engaño o traición sexual, esta lucha requerirá una tremenda cantidad de trabajo interno y externo. Se os pedirá que tanto tu pareja como tú pongáis vuestros egos a un lado para estar juntos y comunicaros en momentos difíciles.

Ambos deberéis dejar también a un lado el deseo de ganar la discusión. En lugar de intentar tener razón, necesitaréis colocar vuestra relación en primer lugar, valorando vuestra conexión íntima más que vuestro orgullo. Aunque el proceso de curación será difícil, siempre puedes agarrarte a la idea de que tu pareja es el amor de tu vida, y el dolor y la falta de confianza que sientes pasarán, si haces el trabajo necesario. En el proceso, sentarás las bases de un sentimiento más profundo e íntimo para conoceros verdaderamente y amaros como pareja.

Antes de profundizar en el debate sobre el engaño en la relación y su curación, por favor, ten en cuenta que a partir de ahora el término "pareja engañada" se utilizará para referirnos a la pareja traicionada; y "pareja participante" se referirá a la pareja que cometió la traición. Si la palabra "pareja" se utiliza sin ninguna connotación, significará que nos referimos igualmente a ambas partes.

A lo largo de este libro se asignarán tareas y retos a ambos miembros de la pareja. Completar las tareas y los retos no será fácil. En ocasiones, habrá una significativa cantidad de trabajo. Muchas de las tareas te pedirán que dejes tu orgullo y tu corazón roto a un lado para dar prioridad a tu relación por encima de ti mismo(a). También te pediremos que te adentres en tu relación emocionalmente, en lugar de retirarte, como probablemente desees hacer al menos de manera ocasional. Este trabajo requerirá un voto de confianza por tu parte porque seguramente te sentirás muy inseguro(a) en este momento sobre tu relación.

En un minuto amas profundamente a tu pareja y no te puedes imaginar la vida si él/ella; y al siguiente no soportas ni estar en la misma casa. De cualquier modo, se os pedirá consistentemente que lo deis todo ya que estáis intentando salvar el amor que os tenéis.

Antes de continuar, necesitas entender que podrían existir disfunciones en tu relación antes del engaño. Todas las parejas pasan por ciclos de disfunción en las que ambas partes juegan su rol. Si tú eres la pareja participante, este libro te pedirá que lo dejes por el momento, sabiendo muy bien que esta sea tal vez una de las cosas más difíciles durante el proceso de sanación. Se te pedirá porque, en este momento, curarte del engaño que has cometido es la cuestión más importante en tu relación. Como parte de ese proceso de sanación, tu pareja engañada necesita dar el primer paso aceptando que te responsabilices por completo de tus actos.

Más adelante, en el capítulo 8, hablaremos del proceso de curar otros problemas en tu relación. En este momento, puedes profundizar y examinar las causas de tu conducta, como la vergüenza, trauma, problemas familiares y adicción. Por ahora, no obstante, y a lo largo de todo el libro, el punto de atención será curar la traición inmediata, ya que el dolor del engaño supera al resto de los problemas.

Nota a las parejas participantes

No puedes pedir a tu pareja traicionada que asuma parte de la culpa por tus acciones. Necesitas asumir toda la responsabilidad completa del engaño. Debes esforzarte por reparar el daño de tu traición antes de intentar arreglar otros problemas. Debes dar los primeros pasos hacia la curación reconociendo el daño que has causado a tu pareja y a tu relación. Más tarde, cuando la traición se haya tratado adecuadamente, podrás tratar otros problemas que os hayan afectado a tu pareja y a ti.

Mientras trabajas en este proceso de curación, se os invita a ambos a que no amenacéis con abandonar la relación. Cuando te han hecho daño, te han rechazado, o tus necesidades no son satisfechas en tu relación, podrías, en el calor de la discusión, amenazar con marcharte. Sin embargo, estos dardos, lanzados en un ataque de ira, causan mayor desconfianza y erosión a vuestro vínculo dañado ya sobremanera. Por lo tanto, toma la decisión de comprometerte a trabajar y no permitas que estas amenazas salgan de tus labios.

Este freno requiere una gran autocontención y control si las cosas se calientan y duelen (y así será), por lo tanto, os ruego que hagáis un esfuerzo profundo y conjunto. Si sientes que la situación te está superando emocionalmente, pide a tu pareja que te deje a solas y aléjate hasta que seas capaz de calmarte un poco.

Cómo usar este libro

Como ya hemos comentado anteriormente, se recomienda firmemente que ambos miembros de la pareja participen en una terapia individual durante este momento tan difícil para ayudarles a gestionar algunas de las emocionas más intensas que estén sintiendo. La terapia de pareja también se recomienda para ayudar con la comunicación, límites y otros problemas.

- La pareja participante debería obtener apoyo de un terapeuta individual y un equipo de responsabilidad.
- Las parejas engañadas deberían obtener apoyo de un terapeuta individual y un equipo de soporte.
- Vuestra relación debería obtener apoyo de un terapeuta de pareja que puede ayudaros con los problemas diarios en la relación y los cambios a largo plazo.

A lo largo de este libro, vamos a utilizar diferentes ejemplos de engaño sexual. Puede ser una aventura, sexo casual, encuentros breves, cámara web, flirteo online o en el mundo real, pornografía, adicción al sexo y a la pornografía y todo aquello que vulnere los límites románticos y sexuales de tu relación. Las estrategias de curación que contiene el libro son aplicables a todas estas situaciones, por lo tanto, leedlas con esto en mente. En lugar de buscar la diferencias entre tu situación y los ejemplos utilizados, busca mejor las similitudes.

Hay algunos tipos de parejas que no son adecuados en este proceso:

- Si una o ambas partes tienen una adicción activa
- Si alguna de las partes es seriamente inestable desde el punto de vista psicológico
- Si alguna de las partes participa en una conducta abusiva o violenta
- Si alguna de las partes ha pedido el divorcio y existen complicaciones financieras y legales.

En otras palabras, este libro está destinado a parejas que se comprometen a que su relación funcione y a recuperarse.

Una visión general del proceso de curación

El proceso de curación del engaño es, en realidad, muy directo. El camino es claro, pero complicado y difícil de navegar. Antes que nada, ambos necesitáis entender la naturaleza traumática del engaño. Para las parejas engañadas, conocer la infidelidad es, con frecuencia, la experiencia más dolorosa de toda su vida. La única persona en la que pensaban que podían confiar para siempre, les había traicionado.

Seamos claros: La vasta mayoría de las parejas engañadas están traumatizadas. Es como si acabaran de saber que tienen cáncer. El mero pensamiento de ello les supera. Por eso, oscilan de un extremo emocional a otro. En un momento dado están calmadas y buscan una solución, y en el siguiente están tan enfadadas(os) que ni tan siquiera pueden hablar.

Mientras que las parejas participantes podrían sentirse en realidad aliviados porque su engaño (o parte de él, de todos modos) finalmente ha visto la luz. Ahora pueden empezar a ser sinceros y dejar de vivir una doble vida. Pueden empezar a trabajar para curarse y reparar su relación, y liberar la fuerte carga de la vergüenza que llevaban debido a la infidelidad.

Como la pareja participante repentinamente empieza a sentirse mejor, podrían no entender de manera adecuada los altos y bajos de su pareja engañada, y sus reacciones altamente emocionales. Podrían pensar que con decir "Lo siento" es suficiente y su pareja debe, simplemente, aceptar la disculpa y seguir adelante con el proceso de curación. Cuando esto no ocurre (y no ocurrirá), la pareja participante podría ponerse a la defensiva imponiendo la culpa en la pareja engañada por su elección de traicionarla.

Por lo tanto, uno de los primeros pasos hacia la curación es que ambos entiendan que la pareja engañada está *traumatizada*, y las personas traumatizadas no perdonan y lo dejan pasar. Las personas traumatizadas están *en crisis* y responden en consecuencia. Se recomponen durante un breve periodo y después se desmoronan. Señalan a los culpables y se enfadan, para después, interiorizar la culpa y caer en un bajón, después están demasiado ocupadas y productivas, luego se vuelven...

bueno, ya me entiendes. Y si ambos individuos no comprenden por completo que esta es *una reacción normal y esperada* por parte de la pareja engañada, el proceso de curación de la relación se volverá considerablemente más difícil.

La honestidad es el siguiente elemento clave para la recuperación. Las parejas participantes raramente desean ser totalmente honestos sobre su conducta. En ocasiones se debe a que no quieren enfadar más a su pareja y que reaccione todavía peor. En otras, no quieren causar más angustia a su pareja engañada. Generalmente, es la combinación de ambas razones (y tal vez algunas más).

Las parejas traicionadas, en la mayoría de los casos, quieren saberlo todo, y ahora. No serán capaces de comenzar el proceso de confiar en su pareja de nuevo hasta que consigan lo que quieren, es decir, la verdad. Este libro orienta a ambos a través del proceso de ser honesto (oficialmente denominado divulgación o revelación terapéutica).

Una vez que hayas pasado por estas fases iniciales tan increíblemente importantes de curación y recuperación, podrás tratar aspectos específicos y reconstruir la intimidad. Este proceso conlleva lo siguiente, que con frecuencia son tareas muy difíciles:

- Compartir y escuchar
- Experimentar empatía
- Duelo
- Hacer una restauración emocional
- Sanar la relación sexual
- Tratar otros problemas en la relación
- Seguir adelante

Por lo tanto, como hemos mencionado antes, la ruta para reparar la relación es lógica y directa, pero no es fácil. Ambos, probablemente, vais a experimentar emociones y pensamientos extremos a lo largo de la trayectoria. Ambos, en ocasiones os preguntaréis *¿Merece la pena todo este esfuerzo y dolor?* Es normal. Es parte del camino que puedes superar siempre que ambos mantengáis en mente el deseo de estar juntos, reconstruir la confianza y experimentar nuevos sentimientos de amor, conexión e intimidad.

CAPÍTULO UNO:

Entender la naturaleza traumática del engaño

Reacciones habituales al engaño

Es imperativo para los dos entender que, cuando la pareja participante se involucra romántica o sexualmente fuera de su propia relación, esto provoca una reacción increíblemente traumática para la pareja engañada. La infidelidad romántica y sexual son traiciones de naturaleza fundamental, y estas conductas desarraigan el núcleo del apego y la conexión que tenéis mutuamente.

Es crítico que la pareja participante comprenda lo doloroso y desestabilizador que es todo esto para la pareja engañada. Es, igualmente, tan crítico para la pareja traicionada que la devastación que él/ella siente es una respuesta normal. De hecho, muchas parejas engañadas, después de conocer la traición, muestran síntomas de trastorno de estrés postraumático (PTSD, por sus siglas en inglés) y trastorno de estrés agudo.[1, 2]

A continuación, vamos a proporcionar información sobre las reacciones más habituales del trauma del engaño.

Lástima intensa

Muchas parejas engañadas sienten una sensación de falta de valía después de la traición. Creen que hay algo erróneo en ellas(os), que la infidelidad ha ocurrido porque no son, de alguna manera, lo suficientemente buenas(os). Cuando otras personas conocen el engaño (amigos y familia), las parejas engañadas podrían sentir como si esas personas estuvieran de acuerdo con esta valoración, porque juzgan a la pareja traicionada y asumen que la pareja participante le ha engañado porque no era lo suficiente atractiva, sexual, atenta, etc. Las parejas engañadas, además, se preocupan de que los demás les juzguen por intentar seguir en la relación.

Lástima o vergüenza, como término, es la creencia interna de que uno es defectuoso inherentemente y no lo suficiente bueno(a), incrementando los miedos y magnificándolos. La lástima es una emoción extraordinariamente incómoda que causa y desarrolla un sufrimiento intenso. No es extraño que las parejas engañadas intenten medicar su dolor a través del uso y abuso de sustancias, atracones de comida y otras conductas destructivas y potencialmente adictivas.

Parejas traicionadas: es importante que reconozcáis que la infidelidad de vuestra pareja no tiene nada que ver con vuestra valía como persona. Trabaja con tu terapeuta para reconocer que cualquier lástima que lleves encima no te pertenece. Tú mereces la pena para ser amada(o) y es importante que no internalices un sentido de inferioridad como resultado de las conductas destructivas de tu pareja.

Culpabilización

Además de sentir lástima, las parejas engañadas podrían culparse de la infidelidad. Podrían llegar a pensar que, si hubieran sido una pareja mejor o más disponible sexualmente, el engaño no hubiera ocurrido.

La culpabilidad es, en realidad, una conducta muy común en las víctimas de traumas de todo tipo. Tal vez hayas oído alguna vez que las víctimas violadas, por ejemplo, comentan que, si no hubieran bebido en la fiesta o no se hubieran puesto esa falda corta, no las hubieran violado. O las personas diagnosticadas con una enfermedad física severa se preguntan si sus hábitos alimenticios, falta de ejercicio y un estilo de vida estresante les han causado la enfermedad.

A veces este tipo de pensamiento lleva a las personas a creer que se "merecen" el trauma que les está ocurriendo; creen que, de alguna manera, se lo han ganado.

Es normal preguntarse lo que podrías haber hecho para evitar que algo tan horrible ocurriera. Es especialmente habitual en las parejas traicionadas porque todas las parejas poseen áreas de disfunción en su relación. La pareja engañada puede creer, fácilmente, que cualquier cosa que no funcionaba en la relación es la causa del engaño y es culpa suya por completo. Ese, sin embargo, no es el caso. Los problemas en una relación pertenecen a las dos partes. Lo más importante, fue decisión de la pareja participante ser infiel.

Esto no significa que la disfunción en la relación que ya existía antes del engaño no necesite ser tratada en un momento dado. De hecho, es imperativo tratarla (de ello hablaremos en el Capítulo 8). No obstante, recomendamos poner ese trabajo a un lado y tratarlo después de haber trabajado en el proceso de curación que rodea el engaño y que se describe en este libro.

Confusión

La mayoría de las parejas traicionadas se muestran confusas sobre lo que en realidad ha ocurrido. Como tal, quieren saber toda la verdad sobre todo lo que ha pasado. Es una respuesta normal a los secretos, mentiras y abusos con engaños perpetrados por parte de la pareja participante.

"Luz de gas", en caso de que no estés familiarizada(o) con el término, es una forma de abuso psicológico que conlleva la presentación de información falsa seguida de una obstinada insistencia de que tal información es verdadera. Con el tiempo, esta luz de gas causa que las parejas engañadas se crean que están locas y empiezan a cuestionar su percepción de la realidad. Con esta sensación, las parejas engañadas sienten como si no pudieran confiar en sus propios instintos. Las víctimas de este tipo de abuso piensan cosas como: *Hay todo tipo de pruebas que indican que me estás engañando, pero sigues insistiendo que no, y tal vez sea así. Igual me lo estoy imaginando todo en mi mente.*

La pareja participante mantiene secretos, cuenta mentiras elaboradas y participa en conductas de luz de gas por varias razones:

1. Desea seguir con su conducta, por lo tanto, necesita encubrir sus acciones.
2. No desean dañar a su pareja, por lo que intenta esconder su conducta y cualquier huella de esta.
3. Para las parejas participantes, los factores psicológicos como el trauma, adicción, sentirse con derecho a, sociopatía y problemas con su familia de origen podrían contribuir a su conducta.

Lamentablemente, los secretos, mentiras y el abuso de engaños tienen el efecto totalmente contrario. Las parejas traicionadas a menudo saben que hay algo que anda mal antes de *saber* lo que está ocurriendo. Y cuando descubren el engaño, se quedan destrozadas(os) por la decepción.

Cuando los secretos, mentiras y luz de gas son parte de la traición, y prácticamente siempre lo son, es normal que las parejas engañadas se sientan confusas con la realidad. En estas circunstancias, es altamente probable que pregunten (o exijan) la verdad sobre toda la infidelidad y la conducta engañosa. Lo piden simplemente para poder recuperar su realidad.

Para las parejas engañadas, conocer lo que ha ocurrido es como colocar las piezas de un rompecabezas con el fin de ser capaces de observar la realidad. Por lo tanto, las parejas engañadas preguntarán repetidamente a las parejas participantes sobre su conducta, por los detalles y volverán de nuevo a repasar la historia una y otra vez para asegurarse de que lo entienden. Quieren toda la verdad, para poder entender el ámbito de la traición y seguir adelante según ese conocimiento.

El proceso terapéutico de divulgación completa se tratará en el Capítulo 3. Por ahora, para simplificar, no recomendamos intentar una divulgación completa sin la ayuda de un terapeuta.

Miedo e hipervigilancia

Después de experimentar secretos, mentiras y otras formas de decepción, es normal que las parejas engañadas tengan miedo de perder su relación y sientan ansiedad por el hecho de que la pareja participante les esté engañando todavía. Como resultado, muchas parejas traicionadas querrán estar pendientes de las idas y venidas de su pareja y de su conducta. Incluso podrían participar en conductas detectivescas.

Revisarán los dispositivos electrónicos de comunicación de la pareja que actúa de manera sexual, harán un seguimiento de su actividad financiera, utilizarán una aplicación que marca la ubicación de la pareja participante, etc.

Estas acciones son conductas "en busca de la seguridad". La pareja traicionada desea sentirse segura y parece que el único modo de hacerlo es asegurarse de que la infidelidad no continúa y la pareja participante no sigue mintiendo y manteniendo secretos. La mayoría de las parejas engañadas manifiestan esta respuesta de hipervigilancia, y es importante que los dos sepan que es normal y una reacción relativamente esperada por el trauma del engaño.

Falta de apoyo social

Generalmente, cuando alguien experimenta un trauma importante, como un acontecimiento médico o un accidente de tráfico, la familia y amigos apoyan a esta persona. Pero en el caso de una traición sexual, muchas parejas sienten como si no se lo pudieran decir a nadie, como si fueran a ser juzgadas. Sin embargo, conseguir apoyo en este momento, y con cualquier otro trauma, es esencial. De hecho, tanto las experiencias clínicas como de investigación nos indican que un elemento clave para superar el trauma es no pasar por él solo(a).

Cuando las personas traumatizadas obtienen reconocimiento y apoyo de la familia, amigos, terapeutas, etc., el trauma pierde su poder y pueden curarse. Cuando no lo hacen, el trauma se infecta dentro, a menudo convirtiéndose en culpa, con la creencia inherente de que son defectuosos(as), que no merecen la pena y que no se merecen ser amados. Por lo tanto, es vital estar en contacto con personas empáticas y solidarias después del engaño íntimo para realizar el proceso de sanación.

Para las parejas engañadas, participar en un grupo de terapia por el trauma del engaño es una opción excelente porque el resto de los miembros del grupo habrán experimentado momentos y dificultades similares. Para las parejas participantes, entrar en un grupo o programa de recuperación de los "Doce pasos" es lo más adecuado si la conducta ya era adictiva por naturaleza. Si no es así, la pareja participante puede buscar un grupo de terapia o un grupo responsable para personas que han sido infieles y desean arreglar su relación.

Ambos deben encontrar algunas personas en las que confiar, es decir, amigos imparciales, familia y un terapeuta, para poder compartir su lucha y proporcionarle orientación. Compartir la infidelidad con todo el mundo en tu sistema de apoyo no es recomendable, al menos hasta que haya pasado un tiempo y el proceso de sanación esté bien asentado.

En ocasiones, las parejas lo comparten demasiado y después se arrepienten porque todo el mundo conoce sus secretos. La vergüenza y el estigma de encarar la traición puede ser inmensos, y, en ocasiones, es probable que los dos prefiráis no pensar en ello y seguir con la vida normal. Si alguien que conoces sabe la existencia de la infidelidad, comunicarse con ellos, no es algo precisamente fácil.

Dicho esto, es importante tener al menos un puñado de personas de confianza con las que puedas hablar abiertamente sobre el engaño. Elige personas que no te juzguen o te aconsejen si habérselo pedido. Se recomienda que elijas personas que, de manera general, apoyen tu relación. Estas son aquellas que probablemente te ayudarán a tomar decisiones inteligentes sobre lo que es correcto para ti. Si a tu madre nunca le ha gustado tu pareja, por ejemplo, probablemente no es una buena persona con la que compartir porque te juzgará por permanecer en la relación y te empujará firmemente para que rompas lo antes posible. Tu mejor amiga(o), por otro lado, que tan solo desea que seas feliz, podría ser una opción sólida.

Vergüenza pública

Lamentablemente, existen ocasiones en los que la comunidad conoce el dolor y la angustia que estás experimentando en tu relación. Cuando la información sobre el engaño es pública, crea una segunda fuente de dolor para ambos. La pareja engañada probablemente se va a sentir juzgada por los demás, por no haber sido lo suficientemente buena como esposa(o), o por hacer algo que llevó a su pareja a cometer adulterio, etc. Esto conducirá a sentimientos de intensa culpa y vergüenza. La pareja participante podría sentir unos prejuicios y vergüenza similar.

En tales casos, es útil, si es posible, unirse y apoyarse el uno al otro a través de este escrutinio público. En la mayoría de las situaciones, es mejor que la pareja participante asuma simplemente la responsabilidad total dadas las circunstancias. Como mínimo, esto podría aliviar parte de los juicios injustificados y la vergüenza que siente la pareja engañada. También sería inteligente establecer barreras para ayudarte a manejar a las personas que preguntan sobre la relación en un nivel demasiado personal. La mayoría de las parejas prefieren decir que es algo sobre lo que están trabajando y que aprecian el respeto a su privacidad mientras se recuperan y sanan.

Duelo

Cuando existe un engaño sexual, entonces aparecen consecuencias y pérdidas serias. Además de estas en tu relación principal, también podrían darse pérdidas en otras relaciones, como las amistades, si el engaño ocurre con personas que conocías. También pueden darse consecuencias en la salud, como enfermedades venéreas o enfermedades causadas por el estrés de la traición. Por supuesto, pueden darse pérdidas financieras (habitaciones de hotel, drogas, dinero para la prostitución, etc.,) además del coste de la terapia y honorarios legales. Lo peor de todo, será el daño causado a tus hijos, independientemente si conocen o no el engaño, porque los niños lo sienten de manera innata, y a menudo lo interiorizan.

Al final, llegarás a preguntarte si la relación segura y empática que tuviste una vez ha sido nada más que una farsa. Podrías sentir que el sueño que tenías de compartir una vida larga y agradable con tu pareja están ya fuera de tu alcance. Te preocupa que nunca más te vas a sentir segura(o), amada(o) o volver a tener una conexión intima con tu pareja. Podrías temer que parte o toda tu relación se haya acabado. Como mínimo, necesitarás pasar el duelo de la pérdida referida a tu antigua relación mientras que trabajas por crear una nueva con tu pareja.

Forjar una relación nueva y mejor no es una tarea imposible. Muchas parejas que han sanado de la devastación del engaño se han regenerado de una manera muy sólida. A menudo, las parejas que han sobrevivido a la traición cambian profundamente de manera positiva. Encuentran un nuevo nivel de intimidad y respeto mutuo. Una gran relación es todavía posible; el éxito depende de ti.

Inestabilidad emocional

Las parejas engañadas, con frecuencia, descubren que, después de conocer la traición, tienen dificultad para desempeñar su vida diaria. Suelen tener ansiedad o se sienten deprimidas. También podrían experimentar dificultad para trabajar y concentrarse. Síntomas como periodos de llanto, falta de motivación, dificultad para dormir y problemas de salud, son todas, reacciones muy comunes al conocer el engaño íntimo.

Si estás sufriendo alguna de estas características, es muy importante que prestes atención a tu estado de bienestar. Comer bien, dormir lo suficiente (no demasiado), y practicar el cuidado personal puede ayudarte a seguir adelante. Practicar meditación, ejercicio y hacer actividades como el yoga y el taichi, son extremadamente útiles. Al mismo tiempo, deberías alejarte de las conductas autodestructivas como el abuso de sustancias, comida y compras compulsivas. Participar en terapia y el apoyo de un grupo terapéutico también es muy importante.

Si descubres que no puedes llevar a cabo tu vida diaria, visita a un psiquiatra para que te ayude con medicación a atravesar este difícil momento. Siempre puedes después trabajar con tu médico para dejarlo cuando tus niveles de estrés hayan descendido.

Ira

Naturalmente, la mayoría de las parejas engañadas se muestran extremadamente enfadadas después de descubrir la traición. Y ¿por qué no? La persona en la que ellas(os) pensaban que podían confiar al máximo, les ha fallado de la manera más dolorosa. Como pareja engañada, es totalmente normal estar furiosa(o) porque tu pareja te ha faltado al respeto y ha puesto en peligro vuestra relación (y todo lo demás que es importante en tu vida) de una manera muy profunda.

Para muchas parejas traicionadas, la agonía de la infidelidad se vuelve amargura, criticismo e ira. En ocasiones, las parejas engañadas están tan dolidas que su ira se manifiesta de manera verbal e incluso con abusos físicos. Cuando alguien ha sido herido tan profundamente es una reacción normal explotar de este modo. Dicho esto, las represalias, verbales, entre otras, son contraproducentes al proceso de curación de tu relación.

Al reconocer este hecho, es importante que ambos estéis de acuerdo en algo que, probablemente, en varios puntos del proceso de curación, encontréis realmente difícil. *Por favor, no uséis el abuso verbal, represalias o avergonzar al otro directamente.* Cuando estás furioso, tal vez por una buena razón, esta frase va a ser difícil de cumplir. Sin embargo, por el bien de la relación es necesario expresar tu ira de un modo sano y productivo en lugar de disfuncionalmente.

Hay una gran diferencia entre estar legítimamente enfadado(a) y asertivo(a) frente a ser abusivo(a), rabioso(a) y vengativo(a). Si la respuesta a tu ira cruza la línea y se vuelve abusiva, puede dañar terriblemente el apego emocional íntimo de tu relación, lo más importante que estás intentando curar y restaurar.

Muchas parejas que se enfrentan al engaño luchan contra la ira, a pesar de todos sus esfuerzos. Esto, en realidad, es bastante normal, y probablemente vas a experimentarlo de alguna manera en tu propio proceso de curación. Es útil trabajar esto en una consulta individual, así como en pareja. Con atención y esfuerzo, aprenderás a compartir tu ira de una manera efectiva, funcional y motivadora, en lugar de destructiva.

Este nivel de moderación podría requerir una tremenda cantidad de trabajo y esfuerzo, pero si logras dominarlo, tanto tu relación como tú cosecharéis los beneficios. En definitiva, si sigues el camino correcto y respondes a los sentimientos de ira de forma efectiva, te sentirás mejor contigo mismo(a), ya que tus respuestas te honrarán como la persona que verdaderamente eres (y no quién eres cuando reaccionas por la ira). También te sentirás mejor con respecto a tu relación al descubrir que puedes resolver tus conflictos productivamente.

Evitación y distracción

Después de conocer la traición, muchas parejas desean que su vida vuelva a la normalidad. A menudo, se precipitarán a la rutina habitual, centrándose en el trabajo, en ser padres y volviendo a su forma de vida básica. En realidad, es normal no pensar en los problemas e intentar seguir adelante con tu vida. La capacidad de hacerlo es una habilidad con fortaleza y resiliencia que puede ayudarte a atravesar los acontecimientos más traumáticos. Pero, como muchas fortalezas, también puede convertirse en el talón de Aquiles, especialmente cuando se tratan traumas en las relaciones.

Con el trauma del engaño, no es muy inteligente adoptar un modo super acelerado en la vida para evitar enfrentarse al estrés y otras formas de incomodidad emocional que sientas. Las parejas engañadas que entran en "modo súper funcional", sin practicar su cuidado personal y obtener apoyo, tienden a enfermar físicamente. El estrés de sufrir día tras día mientras pretendes que no ocurre nada es demasiado. Tu cuerpo y mente necesitan cuidado y apoyo consciente, sin distracciones, sobre todo cuando estás atravesando el estrés de un trauma por engaño.

Ambivalencia y retirada

Tanto si eres la pareja participante o la engañada, podrías, por el momento, sentir dudas sobre tu relación. No quieres que te hagan daño ni tampoco quieres causarlo, y no sabes cómo continuar sin dolor. Como tal, es bastante común que uno o ambos miembros de la pareja se retiren emocionalmente, temiendo que las cosas no van a funcionar.

Las parejas traicionadas no están seguras si podrán ser capaces de confiar de nuevo en el participante. Si es así, se preguntan si deben quedarse para intentar arreglar las cosas o dejarlo definitivamente. Las parejas participantes podrían preguntarse lo mismo desde el otro lado de la moneda: *¿Confiará en mí de nuevo?, y si no es así, ¿qué debería hacer?*

La buena noticia es que en esta fase de inicio del proceso no necesitas tomar una decisión final sobre si deseas quedarte o no. De hecho, se sugiere que ni siquiera pienses en tomar esa decisión ahora. Intentar hacer todo lo que puedas para restaurar tu relación es un proceso largo y valioso. Es mejor alejarse de la toma de decisiones y darlo todo en el proceso de sanación.

A medida que lo hagas, por favor, recuerda los compromisos que se te han pedido, es decir, no amenazar en dejar la pareja y expresar tu ira de forma productiva en lugar de disfuncionalmente.

Caso: Mario y Rosa

Mario y Rosa entraron en terapia después de que Rosa supiera que Mario había tenido una aventura con una mujer en el complejo donde se encuentra su apartamento. Sospechaba que probablemente la había engañado en numerosas ocasiones en sus 22 años de matrimonio, pero él siempre lo había negado. Le decía que era una paranoica, y que nunca había pensado en engañarla. Pero después, ella encontró fotos de la vecina desnuda en el teléfono de Mario.

Rosa decía que al principio estaba tan en shock que no era capaz de enfadarse. Simplemente se enfrentó a Mario con las imágenes y los textos sexuales que había encontrado. Como era habitual, Mario denegó haber hecho algo mal, diciendo que la vecina le perseguía y que la había dicho que le dejara tranquilo. Pero esta afirmación fue socavada por el largo historial de textos y mensajes sexuales que ambos se enviaban y recibían.

Para Rosa, eran las mentiras de Mario, incluso cuando se enfrentó a él con las pruebas claras de su engaño, lo que la llevó al límite. Años de miedo y confusión emergieron a la superficie y explotaron con rabia, e insistió que Mario hiciera sus maletas y dejara la casa inmediatamente, lo que acepto finalmente. Él ha estado viviendo con su hermano desde ese momento.

Mario ahora jura que ha dejado la aventura. Además, insiste que es la única vez que ha engañado a Rosa y que no significaba nada para él emocionalmente.

Rosa decía que sus emociones oscilaban de un lado para otro. En un momento estaba furiosa y no quería ver a Mario nunca más y al siguiente le echaba de menos desesperadamente y quería que volviera. Comentó que estaba dispuesta a trabajar por la relación, pero solo si Mario estaba preparado para contarle todo. Además, añadió que había mucho más que decir porque revisó el historial del ordenador (computadora) familiar y encontró pruebas de encuentros sexuales incluso con prostitutas, a través de internet y en varios sitios de citas.

Amor valiente

También señaló que en el historial de la tarjeta de crédito de Mario había cargos de habitaciones de hotel, cenas y otros gastos que ella no conocía.

Mario ha hablado con su hermano sobre la situación, pero Rosa no ha compartido con nadie su ira, sus miedos y su dolor. Dice que teme que sus amigos y familia piensen que el engaño, en realidad, es culpa suya porque no es una esposa lo suficientemente buena, o no proporciona a Mario el suficiente sexo o tipo de sexo que un hombre necesita para ser feliz, o, simplemente que ya no es atractiva. Aún peor, comentaba que muchas veces se cree esos pensamientos negativos, pensando que, si hubiera sido más guapa o divertida, Mario nunca la habría engañado.

Rosa decía que estaba luchando contra sus sentimientos y que no podía controlarlos. Parecía, además, que no podía tomar decisiones sobre nada. Pasaba apuros para dormir, y cuando lograba quedarse dormida, le costaba mucho despertarse. Indicaba que no se sentía segura en casa ni en el mundo. No confiaba en Mario ni en nadie que se cruzase en su camino. Estaba muy irascible en el trabajo, con los niños y, por supuesto, con Mario. También comentó que su único mecanismo de defensa para medicar sus sentimientos era la comida y ganó 10 libras en tan solo un mes.

Las reacciones con altibajos de Rosa al conocer la traición de Mario son perfectamente normales. Antes de que la curación verdadera de una relación pueda llevarse a cabo, tanto Mario como Rosa necesitan aceptar que la infidelidad de Mario *ha traumatizado* a Rosa, y que no lo va a superar de la noche a la mañana. Independientemente de lo locas e impredecibles que le parezcan a Mario las emociones de ella, necesita dejar de culparla por sentirlas. Al mismo tiempo, Rosa necesita dejar de torturarse por estar tan sensible y sentirse inestable.

Una vez que ambos *acepten* la naturaleza traumática del engaño, podrán *tratar* el trauma y seguir adelante con la curación. Esto comienza con la pareja engañada identificando y comunicando sus necesidades inmediatas de seguridad.

Identificar las necesidades inmediatas

Las parejas engañadas como Rosa sienten unas necesidades inmediatas cuando conocen la traición por primera vez.

- Necesitan sentir una sensación de seguridad en la relación.
- Necesitan sentir que la pareja participante está dispuesta a cambiar, dispuesta a comprometerse seriamente a comportarse de modo diferente.
- Necesitan saber y sentir que el engaño ha cesado.
- Necesitan sentir que la restauración de la relación es la prioridad número uno para la pareja participante.

En este sentido, las parejas engañadas, generalmente, desean ver cambios básicos e inmediatos antes de considerar seguir adelante con el proceso de curación y restauración de la relación. Estos cambios iniciales son los límites no negociables.

Ejemplos de límites iniciales no negociables incluirían:

- Necesito que cortes los lazos con tu amante haciéndole saber que soy consciente de la aventura y que te has comprometido a salvar nuestra relación.
- Necesito pedirte que no vuelvas a ponerte en contacto con tu amante.
- Necesito instalar un software de filtro/vigilancia/seguimiento en todos tus dispositivos digitales, incluyendo el teléfono y los dispositivos móviles.
- Necesito que te comprometas a una terapia de pareja intensiva para que podamos trabajar en la reparación del daño llevado a cabo a nuestra relación.
- Necesito que duermas en otra habitación hasta que haya digerido todo el dolor e ira provocado por el engaño.
- Necesito que comencemos a trabajar en la divulgación terapéutica de todo lo que incluye la traición.
- Necesito que te pongas en tratamiento por tu adicción al sexo y a la pornografía.

Necesidades de comunicación inmediatas

Una vez que la pareja engañada ha identificado sus necesidades inmediatas y sus límites iniciales no negociables, deben ser compartidos con la pareja participante.

La pareja engañada debería preguntar a la pareja participante si está de acuerdo en determinar un momento en el que hablar sobre estos límites y necesidades. Si los dos os encontráis ya en terapia de pareja, podríais tener esta conversación en la próxima sesión. Si no, deberías establecer un momento para veros y hablar en unos días. Es importante entender que estas necesidades de la pareja engañada son inmediatas, por lo que no debéis posponer esta conversación. Es necesario que este diálogo ocurra lo antes posible, incluso aunque ambos estéis sumidos profundamente en el dolor y la ira.

En esta reunión, sugerimos que los dos trabajéis juntos en crear dos listas que utilizaréis como pauta en las primeras fases de la curación. Sin embargo, antes de empezar a trabajar en vuestras listas, por favor, considerad la siguiente declaración.

> Los dos tenéis el poder para curar vuestro dolor y restaurar esta relación. Dedicad este tiempo juntos a poner en primer lugar las necesidades de vuestra relación, dándoles prioridad sobre los problemas y deseos individuales. En lugar luchar entre sí, luchad en contra de la infidelidad y trabajad juntos para salvar vuestra relación.
>
> Comprometerse a restaurar vuestra relación va a llevar trabajo y sacrificio.
>
> Podría significar tomar medidas y asumir acciones que son difíciles.
>
> Por favor, intentad comprometeros el uno con el otro con una compasión y empatía verdadera. Intentad poneros en la situación del otro. Además, comprometeros, también, a un trato mutuo de respeto y hablar con compasión y amabilidad.
>
> Esto no significa que tengáis que estar de acuerdo en todo. Significa que podéis honraros con una comunicación y compasión respetuosa. trabajando para alcanzar un compromiso en los problemas más importantes.
>
> Este es un modo de respetaros a vosotros mismos y de mostrar el amor al trabajar para curar vuestra relación.

Después de leer esta declaración, podéis comenzar a trabajar en vuestras dos listas.

La primera lista incluye los límites no negociables que ayudarán a que la pareja engañada se sienta segura mientras que se afirma el compromiso de la pareja participante a trabajar en la relación. Los límites no negociables generalmente conllevan peticiones que demuestran que la conducta inadecuada fuera de la pareja ha cesado y ayuda para que la pareja traicionada se sienta segura en la relación.

En cuanto a la pareja engañada, deberíais crear esta lista a solas, o con el apoyo del terapeuta. Una vez que hayas identificado tus límites no negociables, puedes compartirlos con tu pareja. Éste/esta deberá honrar los límites que se han acordado. Tal vez desees compartir tu lista en presencia de tu terapia de pareja para conseguir un mayor apoyo.

En definitiva, esta lista describe las necesidades de la pareja traicionada, pero la pareja participante puede hacer sugerencias que crea que pueden apoyar a la pareja traicionada y brindarle más seguridad. No es demasiado inteligente para la pareja participante discutir sobre los límites que la pareja engañada desea implementar. Al principio, las parejas traicionadas necesitan seguridad y garantías de que las aventuras han terminado. La disposición de la pareja participante de hacer lo que sea necesario para demostrar su compromiso con el fin de restaurar la relación, es primordial.

Por favor, enumera la lista de límites que habéis acordado en el espacio inferior. Ten en cuenta que todos los límites pactados deben apoyar el mayor bien posible a la relación mientras que proporcionan seguridad a la pareja engañada. Parejas traicionadas, preguntaros a vosotras mismas, "¿Qué necesito para sentirme segura(o) en esta relación?" Parejas participantes, preguntaros a vosotras mismas, "¿En qué me puedo comprometer para proporcionar a mi pareja seguridad y protección?"

En el espacio a continuación, enumera tus límites no negociables.

....

....

....

....

....

....

....

....

Cuando tu relación se debilita por una traición sexual, es útil vivir experiencias positivas que contrarresten parte de los sentimientos negativos que ambos experimentáis. Varios estudios han demostrado que poseer una proporción mayor de experiencias positivas que negativas es importante en una relación.[3] Cuándo lo estáis pasando mal como pareja, puede ser duro pensar en salir y divertiros juntos, pero, por favor, considerar cosas que incrementen vuestras interacciones positivas como pareja. ¿Podéis dejar a un lado las diferencias e intentar apartar el engaño para pasar tiempo juntos de un modo productivo?

Aquí mostramos algunos ejemplos:

- Hemos acordado pasar momentos tranquilos en la naturaleza, haciendo senderismo, cuidando del jardín o yendo a la playa.
- Hemos acordado en ir al cine juntos una vez por semana.
- Hemos acordado tomar un té juntos varias veces a la semana

Puede que haya momentos en los que uno de los dos esté disgustado y no tenga ganas de participar en estas actividades, y eso es totalmente comprensible. O, puede haber ocasiones en los que el estrés es alto en la relación y necesitéis tomaros un respiro para evitar esas conductas. En general, intentar mantener un poco de positivismo en vuestra relación será útil cualquiera que sea el resultado. En este sentido, la lista siguiente son las acciones que estás dispuesto(a) a llevar a cabo en pareja como parte del compromiso para salvar vuestra relación. Como inicio, evalúa el tiempo de calidad que pasáis juntos. Preguntaros: ¿Qué es lo que más disfrutamos juntos? ¿Qué experiencias nos acercaron más en el pasado? ¿Qué pasiones o hobbies compartimos?

En el espacio a continuación, enumera las acciones que estás dispuesto a llevar a cabo en pareja como parte del compromiso para salvar tu relación.

....

....

....

....

....

....

....

....

CAPÍTULOS DOS:

Ser honesto

La necesidad de la verdad

Una buena definición de la intimidad sería *"en mí se ve"*. La intimidad desarrolla el acercamiento, la conexión, apertura, vulnerabilidad y pertenencia. Hay rasgos que todos anhelamos y deseamos naturalmente, y son esenciales en una relación de amor principal. Secretos, mentiras, luz de gas y otras formas de manipulación emocional y psicológica son lo opuesto a la intimidad. La intimidad se rige por la verdad y los sentimientos compartidos libremente. El secretismo conlleva desconexión, culpa, vergüenza, soledad y aislamiento emocional.

Las parejas participantes se vuelven en maestros del secretismo. Muy a menudo, guardan secretos porque temen que su engaño sexual cree dolor y enfado en su pareja traicionada. Tienen miedo a la verdad, porque esta podría dar como resultado la pérdida de su relación. De lo que no se dan cuenta es que sus secretos, mentiras y la decepción que crean son, generalmente, más dolorosas e inducen a una ira mayor que la conducta que intentan cubrir. No suelen entender que las parejas traicionadas, por lo general, se disgustan más por el engaño continuo que por una actividad sexual esporádica en particular.

Mientras tanto, las parejas engañadas *necesitan* la verdad para buscarle sentido a lo que está ocurriendo y recuperar su realidad. Necesitan saber que ocurre o ha ocurrido exactamente y cómo fueron engañadas, hasta el punto de crear un punto de referencia con una realidad desde la que pueden seguir adelante. Sin este punto de inicio para comenzar su curación, se suelen quedar atrapadas(os).

Los mayores temores de la pareja traicionada, una vez que conocen la infidelidad, se centra en lo que no saben. ¿Deberían preocuparse por las ETS? ¿Hay problemas financieros que desconoce? ¿Participa en el engaño alguien a quien conoce y confía, como un amigo(a), hermano(a) o vecino(a)? Sinceramente, la lista de preguntas sin respuesta es casi interminable, y hasta que la pareja engañada conozca toda la verdad sobre el engaño, las preguntas seguirán surgiendo. Si dichas preguntas no se contestan, la pareja traicionada no puede evitar imaginarse las peores de las situaciones que, generalmente, están muy lejos de la verdad real.

En este punto, tal vez estés pensando *¿No es traumático para las parejas recibir toda la información del engaño?* La respuesta es sí, pero en la mayoría de los casos es necesario. Si esperas curar tu relación dañada y reconstruir la intimidad, la pareja engañada necesita una base de honestidad desde la que él/ella pueda continuar adelante. Además, ambas parejas necesitan que se restaure la confianza en la relación

Hay algunas parejas (normalmente, una pequeña minoría) que no quieren tener ninguna información sobre el engaño. En estos casos, los deseos de la pareja engañada deben cumplirse siempre. Si cambian de opinión, sus preguntas pueden responderse más tarde, cuando esté más preparada.

Revelaciones disfuncionales

Lamentablemente, no todas las formas de divulgación o revelación son útiles. De hecho, algunas formas de divulgación hacen más daño. Uno de los patrones de divulgación más disfuncionales se denomina revelación escalonada.

La revelación escalonada generalmente comienza cuando la pareja engañada descubre algunos aspectos del engaño. La pareja participante intenta minimizar el impacto de su traición admitiendo solo una cantidad mínima de información, es decir, lo que la pareja engañada ya sabe. Cuando se le pregunta si hay algo más, la pareja participante miente y reafirma que lo que ya sabe es todo lo ocurrido. Entonces, la pareja traicionada descubre más información y el proceso se repite. La traición se va revelando poco a poco, durante varias semanas o meses, en pequeñas cantidades, lo que es absolutamente devastador para la pareja engañada y la relación.

Otra forma altamente disfuncional de revelación ocurre cuando la pareja participante vierte toda la información de una vez para mitigar su culpa. En otras ocasiones ocurre porque la pareja traicionada exige saberlo todo *inmediatamente*, y no aceptará un no por respuesta. De cualquier modo, ninguno está preparado para el dolor de toda esta información. Ninguno tiene la fortaleza emocional y el apoyo externo necesario para procesar de manera saludable y trabajar el dolor de ese tipo de divulgación.

En términos generales, las características de las revelaciones disfuncionales incluyen:

- La revelación no se ha realizado con una orientación terapéutica.
- Se comparte la información cuando ninguna de las partes posee una red de apoyo.
- La revelación no va seguida de un proceso de apoyo para ayudar a enmendar la ruptura en la relación.
- La revelación es fragmentada, con información desvelándose poco a poco.
- La información solo se comparte cuando la pareja engañada lo descubre por sí misma.
- La información se arroja toda de una vez para aplacar la culpa de la pareja participante.
- Se comparten detalles innecesarios, incrementando los síntomas del TEPT de la pareja engañada.
- Se utiliza un lenguaje exageradamente gráfico para describir lo que ha ocurrido, incrementando los síntomas del TEPT de la pareja engañada.
- La información no se comparte de manera organizada y, por lo tanto, es confusa para la pareja traicionada.
- La información se comparte utilizando una jerga que, o bien, es demasiado gráfica o confusa para la pareja engañada.
- La información se comparte cuando la pareja traicionada es demasiado vulnerable y frágil para saberlo y procesarlo (por ejemplo, durante un periodo de enfermedad severa o inestabilidad psiquiátrica).
- La información se comparte después de que la pareja ha decidido terminar.
- La revelación no es completa, dejando fuera muchos detalles importantes que harán daño a la pareja cuando emerjan más tarde.

Caso: Eddie y Maxine

Eddie y Maxine se conocían desde la infancia y se casaron después de terminar Secundaria. Tuvieron cuatro hijos en sus primeros seis años de matrimonio. Eddie tenía un buen trabajo y Max se quedaba en casa cuidando a los niños. Cuando el más pequeño llegó a la edad escolar, Max se encontró de repente sola en casa con poco que hacer más allá de limpiar la casa y preparar la comida. Como Eddie ganaba bastante dinero, no necesitaba trabajar, y ambos estaban de acuerdo en que era mejor que sus esfuerzos se centraran en la familia, especialmente en los niños y sus necesidades.

Para no aburrirse en su tiempo libre, Max comenzó a involucrarse en las redes sociales, principalmente Facebook e Instagram. Al principio se conectó con viejos amigos y familia que se habían mudado lejos, y publicaba muchas fotos de ella, Eddie y los niños. Pensaba que era como una forma de crear un álbum de recortes, una manera de documentar su vida y la vida de su familia. En poco tiempo, Jeremy, un hombre con el que salió antes de Eddie, se puso en contacto con ella para saludarla y saber cómo le iba. Después de varios meses chateando, Jeremy le dijo a Max que iba a volver a la ciudad en un viaje de negocios y la preguntó si quería comer con él mientras estaba allí. Max no vio nada extraño en ello, así que quedaron para comer.

En la comida, Max comentó a su ex lo aburrido que era ser ama de casa y madre. Él le dijo que tenía sentimientos similares sobre su propia vida y matrimonio. No ocurrió nada sexual en esta cita, pero se cruzó un límite emocional, y desde ese momento, Max se inclinaba más a contarle a Jeremy sus pensamientos importantes que a Eddie. Y a Jeremy le ocurría lo mismo.

En un año, su aventura emocional se volvió sexual, con Max viajando a la ciudad donde vivía Jeremy (a una hora de distancia), aparentemente para comprar, pero en realidad era para estar con Jeremy, y él hacia lo mismo para, supuestamente, ver a la familia y amigos, pero en realidad era para pasar tiempo con Max.

Al final, Max publicó su perfil en algunas aplicaciones de encuentros sexuales, así como en las redes sociales, y su infidelidad despegó en serio, con innumerables citas y encuentros sexuales mientras Eddie estaba trabajando y los niños en la escuela.

Eddie descubrió uno de los encuentros de Max hace unos seis meses, cuando la vio en lo que parecía una comida romántica con un extraño. Esa noche se enfrentó a ella y le preguntó qué estaba ocurriendo. Al principio, Max le dijo que era un viejo amigo de la familia, y que se estaban poniendo al día sobre sus vidas, pero cuando Eddie le pidió el teléfono, ella se negó. Al final, sin embargo, admitió que la comida había sido una cita "para conocerse", y mintió sobre ello porque no quería dañar los sentimientos de Eddie. Le dijo que solo lo había hecho porque se aburría en su vida, que nunca había hecho algo así y que no ocurriría de nuevo.

En ese momento, Eddie comenzó a adoptar una conducta buscando la seguridad. Vigilaba las redes sociales de Max e insistía que le enseñara su teléfono, además de otras demandas que mostraran la transparencia. Al menos dos o tres veces por semana, Eddie descubría otro engaño de Max, y cada uno le dolía tanto como el primero. Y, aún peor, Max juraba continuamente que ya no había más, y que era totalmente honesta. Declaraba que no le había engañado en absoluto, y que, si alguna vez no le había dicho la verdad, en realidad no contaba porque nunca había sentido ninguna conexión emocional con los otros hombres.

Eddie describió este proceso a sus amigos y su terapeuta como "una muerte por cortes finos", notando que cada vez que encontraba nueva información, ella le iba a mentir otra vez. Indicaba que las mentiras, secretos y encubrimientos le dolían más que lo que había hecho sexualmente. Le rogó a Max que le revelara todo, y ella seguía negándose, insistiendo que esta vez realmente le había contado todo.

Hace tres días, Eddie recibió una llamada en el trabajo de la mujer de Jeremy, que le contó la aventura ahora larga y continua entre Jeremy y Max. Para Eddie esta fue la gota que colmó el vaso. Que Max no le dijera algo tan importante y que todavía siguiera engañándole a pesar de los cientos de afirmaciones de lo contrario, era más de lo que podía soportar. Le pidió a su jefe el resto del día libre, fue a buscar a los niños a la escuela y se los llevó a casa de su madre. Cambió las cerraduras de su casa y llamó a un abogado especializado en divorcios.

Divulgación terapéutica

Conocer el engaño íntimo es algo increíblemente traumático, por lo que deberías hacer el mejor trabajo posible con la revelación. De lo contrario, te arriesgas a hacer más daño a la pareja traicionada y a la relación. La buena noticia es que existe un proceso terapéutico establecido para realizar una divulgación saludable y productiva, y, generalmente, ambos se sienten mejor al haberlo pasado. Los estudios sobre la divulgación sugieren que una vasta mayoría de las personas que han experimentado una revelación facilitada (aproximadamente del 92 al 94%) creen que es la manera más adecuada de hacerlo.[1, 2]

Las investigaciones sobre infidelidad han demostrado que cuando la pareja participante es abierta y totalmente honesta durante la divulgación terapéutica, y está dispuesto(a) a responder a las preguntas de la pareja engañada lo más minuciosa y exactamente posible, hay una probabilidad mucho mayor de curación y de continuar juntos.[3] Incluso aunque la revelación podría parecer un proceso abrumador, es el primer gran paso en el proceso de sanación.

Divulgación completa sobre la revelación plena

No existe ninguna garantía de que la revelación vaya a salvar tu relación. Pero si amas a tu pareja y deseas continuar con ella, necesitas restablecer la confianza, y eso comienza con una revelación plena y completa del engaño. A medida que ocurra la divulgación completa, las parejas participantes necesitan ser realistas sobre el hecho de que su pareja engañada probablemente va a mostrarse muy disgustada, mayormente porque la información es muy dura de oír y él/ella no quiere que sea verdad. Dicho esto, cuando las parejas engañadas comprueban que la pareja participante está siendo honesta, abierta y responsable, probablemente sentirán, además de ira y otras emociones "negativas", alivio por saber finalmente toda la información y una ligera esperanza por el futuro de su relación.

Para comenzar el proceso de divulgación plena, cada uno de vosotros debería encontrar un terapeuta que sea especialista en parejas, engaño y revelación terapéutica. Antes de aceptar el trabajo con el terapeuta, deberías preguntarle directamente si tiene experiencia con este tipo de trabajo. Si la respuesta es no, busca otro terapeuta que realice el proceso de divulgación. Los terapeutas mostrados en iitap.com o sexhelp.com conocen muy bien el proceso de divulgación terapéutica. Esas páginas web, además, proporcionan información sobre los centros de tratamiento que llevarán a cabo divulgaciones terapéuticas de manera intensiva.

Caso: James y Stuart

James y Stuart llevan juntos alrededor de diez años. No se han casado, pero ambos indican que tratan su relación como si lo estuvieran. James es, por naturaleza, tradicional en muchos aspectos, especialmente con su relación. Es, y ha sido siempre, monógamo. Por otro lado, Stuart, ha participado en varias infidelidades desde el principio.

James conoce al menos dos aventuras que Stuart ha tenido. En una, la pareja de la aventura de Stuart llamó a James y se lo dijo esperando romper la relación. Con la otra, la más reciente, James fue informado por su médico de que tenía una enfermedad de transmisión sexual, que solo podía haberse contagiado con Stuart.

En el primer caso, Stuart negó haber tenido una aventura, y aseguraba que el hombre que llamó a James estaba loco y solo *quería* tener una aventura con él. Unos días más tarde, después de que James comenzará una pequeña investigación detectivesca, se enfrentó a Stuart con pruebas sólidas. En ese momento, Stuart admitió que había tenido encuentros sexuales con ese individuo, pero solo una vez y que no volvería a pasar.

En el caso más reciente, Stuart intentó, inicialmente, culpar a James de la ETS alegando que James era el que estaba engañando. En ese momento, James le pidió si podía revisar las aplicaciones y el historial de mensajes de Stuart. Este se negó, pero admitió que había tenido un encuentro sexual con alguien en el gimnasio y se debía haber contagiado allí. De nuevo, insistió que solo había ocurrido una vez y que había aprendido la lección.

James cree que Stuart ha tenido otras aventuras, y encuentros sexuales de manera habitual con hombres que ha conocido en el gimnasio, en Grindr u otros lugares. Ahora que sabe seguro que no está loco, y que se inventa historias sobre las actividades de Stuart porque está celoso, paranoico, sufre ansiedad, o una decena de problemas más, tal y como Stuart le ha estado acusando durante años, exige la verdad, y repetidamente pide saberlo todo.

Stuart está preocupado y apenado porque cree que James terminará con la relación debido a sus engaños. Acepta ir a terapia para ayudarle en lo que él cree que es adicción sexual. No obstante, Stuart no desea "explicar todo" sobre sus años de infidelidades porque piensa que, si James se entera de todo, le dolerá demasiado.

Mientras tanto, James, que está visitando a un terapeuta también para ayudarle a enfrentarse con sus sentimientos y su respuesta de estrés postraumático a la traición, continúa deseando y exige la verdad completa. Señala que ni él ni la relación podrán curarse hasta que no sepa que Stuart está siendo finalmente honesto con él.

Después de varias semanas de idas y venidas, la orientación de sus terapeutas individuales y la dirección de la divulgación con un terapeuta experimentado en parejas, Stuart aceptó, finalmente, realizar una divulgación terapéutica. James presentó una serie de preguntas y Stuart preparó un "documento de divulgación formal" que compartiría con James en una sesión de terapia conjunta. Además, Stuart aceptó hacerse una prueba de polígrafo después de la revelación, para que James supiera que definitivamente poseía toda la información.

Tanto Stuart como James están preocupados por la divulgación. James está preocupado por lo que se puede encontrar. Stuart, a su vez, sobre cómo va a responder James. Ambos están preocupados sobre su relación porque puede que no sobreviva a la verdad. Sin embargo, ambos se sienten aliviados porque por fin se va a llevar a cabo una divulgación completa. James señalaba que se sentía mejor sobre su relación porque sabía que finalmente iba a conocer toda la verdad y así poder tomar decisiones inteligentes basadas en el conocimiento. Stuart, a su vez, indicaba que se sentía ya mejor consigo mismo porque con la divulgación completa podía dejar de vivir una doble vida realmente estresante.

Prepararse para la divulgación

> La próxima sección está dirigida en su mayoría a la pareja participante que estará preparando la divulgación. Sin embargo, las parejas engañadas deberían leer esta sección para saber lo que deben esperar.

Existen algunas pautas importantes que debemos tener en cuenta mientras preparamos una divulgación formal. Lo primero y más importante es que debes llevar a cabo esta divulgación solo si tu pareja engañada y tú estáis trabajando en la reconstrucción de la confianza para salvar vuestra relación. Si estás en proceso de terminarla, una divulgación completa os hará más daño. Dicho esto, el hecho de que estés leyendo este libro es una buena indicación de que deseas y necesitas participar en el proceso de divulgación plena.

También es importante tener en mente que no hay garantías de que, al participar en una divulgación completa, se vaya a salvar la relación. Algunas parejas engañadas conocerán información que tal vez perciban como algo imposible de superar y decidan terminar la relación. Pero, en muchos casos, cuando las parejas traicionadas comprueban que por fin están obteniendo toda la verdad con responsabilidad genuina y arrepentimiento, paradójicamente, sienten la esperanza suficiente para continuar y reinvertir de nuevo en la relación. Lamentablemente no hay manera de predecir esta respuesta antes de hacer la divulgación completa.

Prepararse para presentar una revelación plena es un proceso muy estructurado: Parejas participantes, tu terapeuta revisará el documento de divulgación, te proporcionará comentarios importantes y te preparará para realizar dicha divulgación. El otro terapeuta hará algo similar con tu pareja engañada. La preparación se hace de manera separada para que cada uno tenga el soporte psicológico y emocional que necesita.

A medida que prepares tu documento de divulgación, deberías invertir y comprometerte en tu relación. Todos los lazos de tu infidelidad deber ser cortados. Debes hacer todo lo que sea necesario para acabar con esas relaciones. Después no deberías tener más contacto con ninguna de tus parejas sexuales. Esas personas deberían estar bloqueadas de tu teléfono y correo electrónico. Si utilizas la tecnología para facilitar tu conducta, deberías tomar medidas para filtrar y deshabilitar tu acceso a páginas problemáticas, aplicaciones y cualquier otra tecnología que formaba parte de tu traición.

Deberías hacer todo esto por dos razones:

1. Tomar estas medidas demuestra el compromiso contigo mismo(a) por hacer todo lo que sea necesario para salvar tu relación.
2. Está claro que tu pareja va a preguntar sobre todos estos temas, y tu debes asegurarte de proporcionar respuestas satisfactorias.

Según te vayas preparando para la divulgación, tu terapeuta y el de tu pareja se comunicarán para conocer la información específica que le gustaría incluir a tu pareja. Si hay preguntas específicas, que a tu pareja le gustaría que contestaras, lo sabrás con antelación, por lo que podrás tratarlas en tu documento de divulgación. Deberías responder a todas estas preguntas durante la divulgación terapéutica.

Es extremadamente importante que proporciones información real, clara y concisa en tu documento de divulgación. Esta información no debe ser de ninguna manera vaga o confusa. Dicho esto, proporcionar información demasiado detallada o gráfica puede incrementar el trauma de tu pareja, causando una escalada en su volatilidad emocional y en otros síntomas del TEPT. Algunas parejas engañadas encuentran demasiado difícil quitarse de la mente algunas imágenes y detalles del engaño, lo que hace todavía más complicado curar la relación. Por lo tanto, ten cuidado con el lenguaje que utilizas y la cantidad de detalles que proporciones. Las divulgaciones que son demasiado detalladas o gráficas, suelen ser menos efectivas. Tu terapeuta te proporcionará con pautas sobre cuánta información debe ser incluida en el documento de divulgación.

Ten en cuenta que el objetivo de dicha revelación es la claridad. Es tu oportunidad de contar toda la verdad y aclarar cualquier confusión que tu pareja pudiera tener sobre tu actividad sexual fuera de la pareja. Esto significa que debes compartir la información completa sobre tu actividad sexual externa. No retengas información. Si lo haces y tu pareja lo descubre después, lo interpretará como otra traición. Después de eso será muy difícil restaurar la confianza en la relación. Por lo tanto, necesitas abrirte por completo y ser honesto(a) en tu divulgación.

Después de que compartas tu divulgación en una terapia conjunta, tu pareja tendrá la capacidad de hacer preguntas, y tu debes estar preparado(a) para contestar abierta y honestamente. Prepárate porque tu pareja preguntará la misma cuestión más de una vez. Eso es algo bastante común, y ocurre porque las respuestas que proporcionarás son dolorosas y difíciles de procesar.

Generalmente, es buena idea revisar el documento de divulgación, no solo con tu terapeuta, sino con más personas de la red de apoyo antes de compartirlo con tu pareja. De esta manera, podrás recibir opiniones extra, y tu grupo de apoyo entenderá completamente lo que vas a hacer. Pase lo pase, necesitas trabajar con tu terapeuta con el fin de crear tu plan de apoyo para la semana siguiente a la divulgación. Tu pareja también tendrá un plan de apoyo extenso en esa semana.

El lenguaje que utilices en tu documento de divulgación debe ser claro y real, sin el uso de ninguna jerga o vulgarismo. Por ejemplo, podrías decir algo como "He tenido relaciones sexuales genitales protegidas con nuestra vecina Cindy. Ha ocurrido aproximadamente en 20 ocasiones. Te mentí al ocultar la naturaleza de mi relación con ella. Cuando me preguntabas sobre Cindy, me inventaba información para ocultar la aventura. Toda la relación sexual ocurrió en su casa."

De nuevo, la importancia de este consejo no puede pasarse por alto. Necesitas ser claro(a) y honesto(a) sin compartir información que sea demasiado gráfica o detallada. La información excesivamente detallada puede traumatizar a tu pareja. Si tienes dudas sobre el nivel de detalles que debes incluir, háblalo con tu terapeuta antes de la divulgación.

Además de responder a las preguntas planteadas por la pareja traicionada, tu documento de divulgación debería incluir:

- Los tipos de conducta sexuales en los que has participado (pornografía, prostitución, aventuras, clubes de striptease, etc.)
- Una descripción general de la actividad sexual en la que has participado (con protección, sin protección, oral, genital, anal, etc.)
- Periodos de la actividad sexual externa
- Frecuencia
- Si fue una aventura, en la que se involucraban los sentimientos o puramente sexual
- Si tu pareja conoce a algunas de tus parejas sexuales, los nombres de esas personas
- Información de salud (ETS, resultados recientes de pruebas, etc.)
- Información financiera
- Consecuencias legales Amor valiente
- Admitir la mentira para mantener el secreto y encubrir tu conducta
- Lenguaje responsable donde asumes las consecuencias de tu conducta

Hoja de trabajo de preparación para la divulgación

La siguiente hoja de trabajo te proporciona una orientación sobre lo que debería incluirse en tu divulgación. A medida que completas dicha hoja y escribes tu documento de divulgación, por favor, no dejes tus papeles en un lugar donde tu pareja engañada pueda encontrarlos. Es importante que ella escuche toda esta información en un entorno de apoyo y facilitado por el terapeuta y que, además, lo escuche directamente de ti.

Usa la tabla siguiente para recopilar una lista de la información que debe incluirse en tu documento de divulgación.

Ejemplo de hoja de trabajo: Resumen de la información a divulgar

Tipo de conducta	Periodo de tiempo y frecuencia	Ubicación	Descripción	Coste	¿Cómo lo oculté?
Pornografía	2–3 veces por semana, con cada sesión durando aproximadamente 1 hora	Mi oficina en casa	Mi uso de pornografía es solo con adultos y con consentimiento. Los temas más habituales incluyen el sexo de lesbianas, tríos y sado/maso (intercambio de dolor).	Utilizo páginas web gratuitas de pornografía, por lo tanto, el coste incluye el tiempo malgastado que podría haber usado en algo financieramente más productivo.	Mentí sobre lo que estaba haciendo, eliminé el historial de mi dispositivo, y usé el teléfono en modo privado. Cuando me descubrieron, minimicé e intenté normalizar mi conducta.
Aventura sexual	De junio de 2018 a mayo de 2019. Este periodo incluye aproximadamente 20 encuentros sexuales y coqueteo a través de correo electrónico y mensajes de texto.	A menudo escribí mensajes y mensajes sexuales desde el trabajo o mi oficina en casa. Todos los encuentros ocurrieron en su casa.	Esta aventura sexual incluía mensajes sexuales, coqueteo e intriga usando mi teléfono. En aproximadamente 20 ocasiones tuve encuentros sexuales protegidos con mi pareja sexual. Fue una aventura puramente sexual, sin sentimientos involucrados.	Esta aventura no me costó nada financieramente, solo la pérdida de tiempo y de productividad. No invité ni regalé nada a esta pareja.	Siempre escondí mi teléfono para ocultar mis mensajes sexuales. Usé actividades laborales ficticias para ocultar mis paraderos durante esta aventura.
Cámara web	Esta conducta comenzó en 2013. Lo hacía 1 vez por semana, y cada sesión duraba aproximadamente 1 hora.	Lo hacía a menudo en mi oficina de casa después de que te fueras a la cama.	Mi uso de la pornografía escaló al utilizar sitios con webcam. Esto conllevaba pagar por las sesiones con mujeres que realizarían sexo para mí online.	Gasté aproximadamente $300 al mes en las páginas con webcam. Esta conducta ha estado ocurriendo en los últimos seis años con un coste total aproximado de $22,000.	Me aseguré siempre de pagar con tarjetas de crédito para ocultarlo y hacerlo en modo privado en mi teléfono para que no aparezca en ningún lugar.

Tu hoja de trabajo: Resumen de la información a divulgar

Tipo de conducta	Periodo de tiempo y frecuencia	Ubicación	Descripción	Coste	¿Cómo lo oculté?

Tipo de conducta	Periodo de tiempo y frecuencia	Ubicación	Descripción	Coste	¿Cómo lo oculté?

Tipo de conducta	Periodo de tiempo y frecuencia	Ubicación	Descripción	Coste	¿Cómo lo oculté?

Crear tu documento de divulgación

Ahora que ya has reunido toda la información importante, necesitas organizar esa información de manera clara, concisa y lógica. Utiliza la siguiente guía de cinco secciones como marco de trabajo para tu documento.

Sección 1: Propósito

Haz una declaración sobre tu propósito a la hora de llevar a cabo la revelación. Tu pareja querrá saber por qué has decidido hacer este documento y qué deseas lograr. Esta sección debe ser sucinta e ir al grano. Una súplica excesivamente aduladora podría ser recibida por tu pareja como un intento de manipular su respuesta. Termina la sección preguntando a tu pareja si está preparada y dispuesta a escuchar todo lo que tienes que decir.

> Ejemplo:
> Hoy voy a hacer esta divulgación contigo para ser honesto(a) sobre mis conductas sexuales. Quiero asegurarme de aclarar todas tus dudas sobre mis engaños en nuestra relación. Mi intención es ser completamente honesto(a) y responsable y responder a cualquier pregunta que quieras formular. En definitiva, mi objetivo a largo plazo es restablecer la confianza y reparar el daño que he hecho a nuestra relación. ¿Estás lista(o) y dispuesta(o) a escuchar mi revelación?

Sección 2: Breve resumen de las conductas anteriores a la relación

Enumera tus conductas de engaños y actos sexuales inadecuados antes de tu relación. No es necesario que compartas estas conductas en detalle. Simplemente, proporciona una lista y una explicación breve. El propósito de ello es proporcionar un contexto para que tu pareja engañada conozca si este tipo de conducta ya ocurría antes, y si ha sido un patrón prolongado. Puedes proporcionar más información en esta sección si crees que podría ayudar a tu pareja a darle sentido al progreso de tu conducta con el tiempo. Si nos has tenido una conducta sexualmente adictiva o de engaño antes de la relación, salta este paso.

Ejemplo:
Mi conducta comenzó mucho antes de conocerte. Ha ido progresando y escalando poco a poco. Empezó cuando descubrí la pornografía con 12 años. Aprendí que en ese momento podía utilizar la pornografía para escapar y calmar mis sentimientos. El uso de la pornografía escaló hasta llegar a los clubes de striptease y la prostitución cuando me marché a la universidad. Y justo antes de conocerte, estaba utilizando activamente aplicaciones de encuentros sexuales. Durante muchas de mis relaciones anteriores, tuve aventuras. En resumen, antes de conocerte, mis conductas incluían lo siguiente:

- Pornografía
- Objetivización
- Aventuras
- Sexo casual
- Clubes de striptease
- Prostitución

Sección 3: Descripción de los engaños

Describe las conductas en las que participaste después de comenzar tu relación actual. Es útil si las enumeras de manera organizada, lo que significa generalmente, en orden cronológico.

A medida que escribes la información, es importante que demuestres tu responsabilidad. Esto incluye asumir la decepción y las mentiras que rodearon tu conducta además del comportamiento en sí. Utiliza hechos claros con detalles suficientes con el fin de no dejar a tu pareja con dudas sobre aspectos importantes de tu conducta. Si no sabes lo que debes incluir o no, busca la orientación de tu terapeuta.

Tal vez desees incluir información de fondo sobre lo que estaba ocurriendo en tu vida en el momento del engaño, para proporcionar un contexto que pueda ayudar a tu pareja a encontrar un sentido cronológico. Sé lo más completo(a) posible. Asegúrate de incluir todas las conductas de engaño y los actos en tu hoja de trabajo.

Ejemplo Nº1:
Poco tiempo después de mudarnos a California, mi uso de pornografía empezó a aumentar. Durante este momento, estabas embarazada de

Brandon. Racionalicé mi conducta y busqué excusas pensando que probablemente no estarías interesada en sexo, y así no intenté buscar intimidad contigo. En lugar de eso, mentí sobre mi conducta y lo oculté. Usé pornografía para medicar mi ansiedad sobre tu embarazo, y aunque hiciste varios intentos de conectar conmigo física y emocionalmente, caí en mi adicción sexual. Mi conducta fue aumentando y al final usaba pornografía alrededor de 10 horas por semana, y a veces, incluso más. Las páginas que frecuentaba eran de pornografía adulta consentida. Los temas se referían a conductas sadomasoquistas o sexo en grupos. Nunca he sido abierto(a) sobre mi interés en este tipo de sexo contigo. Te oculté esta parte de mi sexualidad.

Ejemplo N°2
Después de conseguir mi trabajo en la compañía aérea, trabajaba frecuentemente lejos de casa. Lo usé como una oportunidad para actuar sexualmente. Dos meses después de empezar a trabajar allí conocí a Jim, a quien ya conoces, y comenzamos una aventura sexual continua. Esta aventura comenzó en junio de 2017 y terminó en noviembre de ese mismo año, justo antes del Día de Acción de Gracias. Jim iba en mi ruta siempre que hacía viajes a Nueva York, que solía ser dos veces al mes. En estos viajes, después del vuelo, generalmente teníamos sexo en uno de nuestros hoteles. Esto incluía sexo oral y genital sin protección. Me emborraché durante estas ocasiones para calmar mi culpa, y así comencé a beber más. Te mentí y engañé sobre mis actividades en estos viajes. Hubo momentos en los que sospechaste de mi comportamiento y te manipulé negando tus sospechas totalmente justificadas. La aventura con Jim terminó cuando su mujer lo descubrió. Cambió sus rutas y ya no tengo contacto con él.

Sección 4: Resumen estimado del coste

Incluye un resumen del dinero gastado durante tu infidelidad sexual. Utiliza la hoja de trabajo que has completado anteriormente para resumir todos los costes asociados con tu engaño. Si lo costes son muy extensos tal vez deberías utilizar una hoja de cálculo. Asegúrate de explicar de dónde salen todas las cifras.

Ejemplos:

- Prostitutas—2 veces al mes @ $300 por cada una durante 10 años = $72,000

- Clubes de striptease—4 veces al mes @ $150 por cada visita durante 5 años = $36,000
- Regalos para la pareja de la aventura sexual = $4,500

Sección 5: Permiso para los límites y el cuidado personal. Cierre.

Tu pareja engañada probablemente necesitará algo de tiempo para digerir y procesar toda la información revelada. Él o ella seguramente se mostrarán extremadamente disgustados y desearán algún tiempo solos para pensar. Hazle saber que entiendes que necesite algo de tiempo para encontrar sentido a lo que ha escuchado y decidir unos límites saludables. Haz una declaración en la que le indiques que respetas su necesidad de crear límites y de cuidarse. Cierra con una afirmación sobre tu compromiso por trabajar en la relación. No pidas perdón, ni seas manipulador(a) o intentes ganar su simpatía.

> Ejemplo:
> Sé que probablemente toda esta información ha sido muy difícil de escuchar y que tal vez necesites algo de tiempo para procesarla y pensar en lo que acabo de compartir. Entiendo que establezcas una serie de límites necesarios y estoy dispuesto(a) a conocerlos. Entiendo, igualmente, que necesites tiempo para cuidarte y pensar en lo que significan mis acciones en nuestra relación. Quiero que sepas que haré lo que sea necesario para apoyar tus necesidades durante todo este tiempo. Quiero que sepas que estoy dispuesto(a) a trabajar duramente para recuperar y arreglar nuestra relación.

Ejemplo de las normas en una sesión de divulgación completa

1. Todas las partes mantendrán un tono de respeto durante el proceso. Si alguna de las partes se vuelve abusiva, la sesión se detendrá y reanudará cuando ambas partes puedan ser respetuosas.
2. No se grabará la sesión.
3. Cada parte puede pedir una pausa durante la sesión si fuera necesario.
4. Ambas partes deberían intentar mantener el contacto visual y estar lo más emocionalmente presentes que puedan.
5. Cuando la pareja engañada haga preguntas, éstas deben ser preguntas “aclaradas” sobre la conducta adictiva. Las preguntas sobre el significado

del comportamiento o los sentimientos asociados con la conducta se procesarán durante una sesión posterior.

6. Ambas partes llegarán y se marcharán por separado de la sesión trayendo a su propia persona de apoyo.
7. Ambas partes seguirán el plan posterior de tratamiento durante una semana.
8. Después de la revelación, la pareja participante dejará espacio a la pareja engañada en el que procesar la información recibida. Es mejor mantener las interacciones entre las partes de manera superficial hasta que haya pasado el tiempo suficiente para procesar toda la información.

Ejemplo de formato de sesión

Paso 1: Orientación

La pareja llegará a la vez a la hora citada y los terapeutas revisarán a ambas partes para asegurarse de que todo el mundo está listo, dispuesto y capaz de llevar a cabo la divulgación. Se revisará el formato y las normas básicas de la sesión.

Paso 2: Compartir la revelación

La pareja participante leerá su documento por completo a la pareja engañada. Esta puede escribir las preguntas que le surjan. La pareja traicionada puede bajar el ritmo de la sesión en cualquier momento o pedir que se repita la información.

Paso 3: Pausa para reunirse con los terapeutas

La sesión tendrá una pausa y ambas partes se reunirán con su terapeuta individual. La pareja engañada y su terapeuta revisarán juntos el documento de divulgación. Esta escribirá cualquier pregunta que desee aclarar, y su terapeuta le proporcionará los fundamentos que necesite.

Paso 4: Preguntas y aclaraciones

La pareja engañada preguntará a la pareja participante todas las cuestiones adicionales que tenga. La pareja participante las contestará de la manera más honesta posible.

Paso 5: Finalización

Los terapeutas revisarán si las partes se encuentran bien. Se repasarán los planes de cuidado personal posterior.

Ejemplo de carta de divulgación

Querido Sam:

Mi objetivo en esta reunión es ser completamente honesta y abierta sobre todos mis engaños sexuales pasados. Sé que este es el modo correcto de hacerlo para nuestra relación y también para mi recuperación. Estoy dispuesta a responder a todas las preguntas que te surjan sobre mis conductas anteriores. Estoy comprometida a ser honesta al 100%. También estoy comprometida del mismo modo a mi recuperación y a trabajar en nuestra relación

¿Estás listo y dispuesto a escuchar mi divulgación?

Mi conducta comenzó antes de que nos conociéramos. Recuerdo cuando era niña utilizaba el sexo como forma de disminuir mis sentimientos dolorosos y conseguir la atención de los hombres. A menudo lo utilizaba como valoración de mí misma como persona. Cuando me convertí en una adolescente, utilizaba el sexo para calmar mis sentimientos y mis inseguridades. Durante mi adolescencia fui muy promiscua. Iba de una relación a otra, y con frecuencia comenzaba una relación antes de terminar la anterior. Desarrollé un patrón de infidelidades que evolucionó en obsesión sexual. Dichas obsesiones me distraían del dolor que sufría en mi vida y se volvieron un patrón prolongado. Cuando tenía alrededor de 14 años, comencé a masturbarme de manera compulsiva. Utilizaba la masturbación para reducir la ansiedad. Me negaba a aceptar que estaba utilizando el sexo para auto validarme y no me daba cuenta de que lo utilizaba para medicarme. También minimicé el impacto en mí y en los demás, tú incluido, diciéndome a mí misma que solo estaba disfrutando de "sexo casual" y que tenía "una libido muy alta". Cuando las aplicaciones de sexo como Tinder se volvieron populares, las utilizaba frecuentemente y llegué a normalizar mi conducta diciéndome que eso era habitual en mi generación. Lo hice, aunque dentro de mi supiera que había algo que no era saludable en mi conducta.

Antes de conocerte, ya había participado en las conductas siguientes:

- *Pornografía*
- *Masturbación compulsiva*
- *Aventuras en relaciones anteriores*
- *Encuentros casuales sexuales*

- *Objetivación*
- *Mentir*
- *Manipular*

Todas estas conductas continuaron durante mi relación contigo. Al comienzo de nuestra relación, utilizaba pornografía aproximadamente tres veces por semana. Con el tiempo, el uso de porno escaló a un uso diario y siempre lo mantuve oculto. Lo hice usando mi teléfono, que tenía una contraseña de acceso y era muy difícil entrar para alguien externo. Cuando te quejaste sobre el uso de mi móvil, te mentí diciéndote que estaba en Facebook. También te manipulé diciéndote que dejarás de fisgonear y de insistir sobre ello.

Además de utilizar el porno en mi teléfono, también usaba las páginas web de citas. Tenía perfiles en varias, y me comunicaba con parejas sexuales potenciales. Comenzó después de un año de estar casados. Al principio era infrecuente, pero con el tiempo fue aumentando. Pero no actué sexualmente con nadie hasta tres años después de nuestra relación (enero de 2010), cuando conocí a una pareja sexual a través de estas páginas. Tuve una aventura sexual con este hombre incluyendo relaciones sexuales genitales con protección. Duró seis meses, y lo dejó cuando su mujer lo descubrió. Hubo momentos durante esta aventura que te preguntaste dónde estaba. Te mentí y te dije que estaba trabajando. En ocasiones, cree eventos de trabajo falsos para ocultar mi conducta. Empezaste a quejarte sobre mis largas horas de trabajo. Yo desprecié tus sentimientos y dudas.

Después de esta aventura, entré en Tinder. Utilizaba esta aplicación para buscar encuentros sexuales con hombres. En los últimos seis años, habré tenido sexo con aproximadamente 20 personas utilizando esta aplicación. Siempre usé protección. Eran encuentros sexuales casuales sin sentimientos y solían ocurrir tan solo una vez. Descubriste el perfil de Tinder y supiste que me estaba comunicando con otros hombres. Te dolió en gran medida. Yo utilizaba a estos hombres como objetos, y te mentí, buscaba excusas y minimizaba el valor de mi conducta.

En junio de 2012, cuando estabas viajando mucho por tu trabajo con el banco, participé en otra aventura sexual con alguien que conocí en Tinder. Esta aventura duró aproximadamente nueve meses. En este caso, tuve sexo oral, genital y anal sin protección. No era una aventura emocional. Y, de nuevo, te mentí, diciéndote que estaba trabajando, además de otras excusas.

La última aventura ocurrió en 2015 con Craig Denson. Le conocí a través de una página web de citas para adultos. La aventura fue puramente sexual con relaciones sexuales orales, genitales y anales sin protección. Esta aventura duró diez meses. Descubriste esta aventura cuando su novia, Denise, se puso en contacto contigo para decírtelo.

Sam, imagino que esta información está siendo muy difícil de oír, y entiendo que necesitarás tiempo para procesar la nueva información y buscarle sentido. Te daré todo el tiempo que necesites, y apoyaré todo lo que desees hacer para cuidarte. Si determinas una serie de límites, estoy abierta a escucharlos. Estoy totalmente comprometida a hacer lo que sea posible para trabajar en restaurar nuestra relación.

Atentamente, Andrea

Compartir tu carta de divulgación

Generalmente, la divulgación terapéutica se prepara con los dos terapeutas de cada una de las partes involucrados en el proceso, posiblemente con la asistencia de un tercer terapeuta (habitualmente un especialista en parejas con experiencia). Los terapeutas crearán un formato para la sesión y sus consecuencias. Lo más probables es que, después de leer la divulgación, tu pareja engañada tenga la oportunidad de hacer preguntas, y deberás contestar estas preguntas lo más completa y honestamente posible.

Parejas engañadas: Vuestro papel en la divulgación

Como la pareja engañada, tu terapeuta te pedirá que proporciones una lista de preguntas que te gustaría que fueran contestadas durante la divulgación. Por favor, utiliza las hojas de trabajo inferiores para ayudarte a entender qué quieres y qué necesitas saber (e, igualmente importante, qué no quieres o necesitas saber).

Le proporcionarás esta información a tu terapeuta, que lo compartirá con el terapeuta de tu pareja, que, a su vez, se lo mostrará a tu pareja para asegurarse de que él/ella entiende todos tus problemas y dudas. Tu terapeuta te guiará para no pedir un tipo de información que podría traumatizarte porque sea demasiado detallada o gráfica.

¿Qué te gustaría saber?

....

....

....

....

....

....

....

....

....

¿Qué preferirías *no* saber?

....

....

....

....

....

....

....

....

....

....

Después de preparar la lista de preguntas, tu papel en la divulgación terapéutica es escuchar lo que tu pareja participante tiene que decir, y cuidarte durante esos días y las semanas siguientes. Tal vez, cuando escuches la verdad completa por parte de tu pareja, seas capaz de aceptarla y comenzar el proceso de reconstruir la confianza. Dicho esto, pasarán muchos meses antes de que los niveles de confianza vuelvan a algo que tan siquiera se acerque a la normalidad.

Algunas parejas traicionadas, después de escuchar la divulgación, necesitan terapia traumática. Si encuentras difícil procesar y seguir adelante después de dicha divulgación, es importante que busques este tipo de ayuda terapéutica. Existen tratamientos traumáticos maravillosos que pueden ayudarte a atravesar el dolor, incluyendo el reprocesamiento de desensibilización del movimiento ocular (EMRD, por sus siglas en inglés), experiencias somáticas, psicoterapia sensoriomotora, trabajo de los sistemas internos familiares (IFS, por sus siglas en inglés), terapia de postinducción, psicodrama, terapia de arte y muchas más.

Escuchar lo que tu pareja tiene que contarte

Como hemos mencionado anteriormente, la divulgación terapéutica se configura de manera que cada parte tiene su propio terapeuta, con el soporte de un tercer especialista (con frecuencia un terapeuta con experiencia en parejas). Al trabajar juntos, los terapeutas crearán un formato de sesión y las posibles consecuencias. Por lo general, te pedirán que te sientes en silencio mientras tu pareja lee su carta de divulgación. Después tendrás la oportunidad de preguntar lo que desee y pedir aclaraciones.

Cuidado personal después de la divulgación

Después de la experiencia y de haber escuchado la divulgación, es probable que ambos os sintáis emocionalmente heridos. Por eso, el cuidado personal después de la reunión es crítico. Es probable que los síntomas de trauma de la pareja engañada aumenten durante un tiempo, y podría experimentar sentimientos de tristeza abrumadora.

Las parejas participantes generalmente sienten vergüenza, depresión y ansiedad. Es probable que tu terapeuta te pida que crees un plan de "seguridad" o "apoyo" para la semana siguiente a la divulgación. Tómate este consejo muy en serio. Planea actividades de apoyo a lo largo de la semana, especialmente por la tarde-noche. Presta atención a tu cuerpo y a tus emociones, y pregúntate qué necesitas en este momento. Pasar tiempo con tu red de apoyo, hacer ejercicio, meditar, escribir en un diario y yoga y actividades de cuidado personal te resultarán muy útiles en este momento.

Una vez que se haya llevado a cabo la divulgación, la pareja traicionada necesitará varios días (o más) para digerir y procesar la información presentada. Seguramente, ambos tengáis sesiones extra de terapia, tanto individuales como en pareja, para ayudaros en esta fase.

Caso de James y Stuart (Continuación)

Para James y Stuart, cuyo caso fue presentando al comienzo de este capítulo, la divulgación terapéutica fue un punto de inflexión en su relación. También lo fue para Stuart en su recuperación de la adicción sexual. Aunque la preparación del proceso de divulgación llevó más tiempo de lo que a James le hubiera gustado, estaba dispuesto a ser paciente y confiar en el conocimiento y orientación de los terapeutas, una vez que supo que con toda seguridad Stuart estaba preparado para revelar todo y someterse a una prueba de polígrafo después.

James, trabajando con su terapeuta, preparó su lista larga de cuestiones, preguntando cosas como:

- ¿Con cuántas personas has tenido sexo durante nuestra relación?
- ¿Has tenido aventuras largas que yo no conozco?
- ¿Conozco a esas personas? Si es así ¿quiénes son?
- ¿Cuánto dinero te has gastado en estas conductas?
- ¿Cuántas veces has tenido sexo sin protección con extraños?
- ¿Estás dispuesto a instalar un software de vigilancia y seguimiento en tus dispositivos digitales?

Stuart utilizó estas y otras preguntas preparadas por James junto con las pautas enumeradas anteriormente como fundamento para su divulgación. Le dijo a su terapeuta cuando leyó las preguntas de James, "Creo que probablemente sabe o se ha figurado mucho más de lo que pienso." También indicó que estaba agradecido de hacer la prueba del polígrafo después de la divulgación porque le forzaba a incluirlo todo. Incluso aunque temía hacerlo, sabía que era lo mejor para su recuperación y su relación.

La sesión de divulgación oficial fue liderada por sus terapeutas individuales en una sesión conjunta. Ambas partes tenían preparados planes de cuidado personal para después de la sesión. Stuart dejó claro que se sentía fatal porque iba a hacer daño a James y estaba dispuesto a hacer lo que fuera necesario para ayudar a James a curar sus heridas y restaurar la relación. Después comenzó a hablar de cómo había estado actuando sexualmente desde los primeros años de su adolescencia como manera de enfrentarse a la vida familiar disfuncional que vivía y su vergüenza interna por ser homosexual; esas conductas sexuales continuaron en su edad adulta y durante su relación con James. Admitió su responsabilidad de la traición, y de la recuperación de su adicción sexual y le reafirmó a James que respetaría los límites que necesitara para lograr que se sintiera seguro.

En ese momento, hubo una pausa en la sesión para que ambos pudieran procesar lo que se había revelado y James pudiera formular preguntas adicionales. Después, volvieron a reunirse. James preguntó algunas aclaraciones en uno de los temas, Stuart contestó y James expuso algunos de los límites que quería que Stuart siguiera. Este aceptó y asumió que volvería al día siguiente para hacer el examen poligráfico y confirmar, así, que había dicho toda la verdad en su divulgación.

Los días y semanas siguientes a la sesión no fueron fáciles, ya que había demasiadas cosas con las que James estaba enfadado y también mucho para que Stuart se sintiera culpable. Pero ambos admitieron que, con todo ya conocido, había muchas más posibilidades de curación tanto individualmente como en pareja. Ambos se dieron cuenta de lo mucho que se amaban, y lo mucho que deseaban estar juntos a pesar del engaño. Los dos se mostraron muy satisfechos de haber participado en un proceso de divulgación terapéutica.

CAPÍTULO TRES:

Escuchar, compartir, escuchar y sufrir el duelo

Una de las causas principales por las que las parejas fracasan en su curación después de un engaño, es que no comunican con efectividad los sentimientos y el dolor que la traición ha causado. Sin la expresión adecuada de este dolor, la herida puede infectarse.

La buena noticia es que compartir profundamente las emociones sobre el dolor puede limpiar la herida. Sin embargo, esta es una de las partes más difíciles del proceso de curación. Con respecto a las parejas participantes, todo este trabajo recae directamente sobre vuestros hombros. Ahora que has escuchado la divulgación de tu pareja y has entendido la naturaleza completa del engaño, necesitas identificar y compartir de manera exhaustiva cómo te ha afectado esta traición.

Puedes hacerlo con una carta sobre el impacto causado. Escribe tus sentimientos sobre el engaño, y después lo compartes con tu pareja. El objetivo de compartir una carta del impacto causado es que proporciona la oportunidad de que las parejas puedan compartir, de manera profunda, el dolor causado por el engaño. En la carta del impacto, la pareja subrayará los puntos de dolor más significativos y expresará a la pareja participante en detalle lo mucho que le ha dolido su conducta. Este es un paso muy importante en el proceso de curación. Podría suponer muchas sesiones con tu terapeuta, normalmente con vuestro terapeuta en pareja, compartir y procesar la carta del impacto causado. Algunas cartas pueden ser largas, ya que es importante que sean exhaustivas y traten todos los puntos clave que rodean el engaño.

La mayoría de las parejas engañadas encuentran que ser honesto de manera tan profunda y significativa les ayuda a quitarse un buen peso de encima. Además, se sienten más capaces al darle voz a su dolor y sufrimiento.

A medida que vayas escribiendo tu carta del impacto, utiliza las hojas de trabajo proporcionadas a continuación, que están diseñadas para ayudarte a recoger todos tus pensamientos.

Parejas participantes: es posible que tu pareja engañada necesite un apoyo extra mientras está trabajando en la carta del impacto. Haz todo lo posible para estar ahí con él/ella. Si necesita espacio y privacidad, proporciónaselo. Si necesita tranquilidad, ayúdale a crearla. Si tu pareja necesita ayuda con tareas que él o ella hacen generalmente, hazlas tú para que pueda centrarse en escribir esta carta, da un paso y haz esas tareas.

Caso práctico: Melissa y Larry

Melissa y Larry acaban de entrar en sus 50. Llevan juntos un poco más de diez años, habiendo pasado cada uno de ellos por divorcios difíciles. El de Melissa se precipitó por el engaño de su marido y el de Larry por el alcoholismo de su mujer. Debido a sus experiencias previas, decidieron vivir juntos sin casarse, pero, como parte del acuerdo, decidieron ser monógamos.

Hace unos tres meses, Melissa encontró pruebas de pornografía en el portátil de Larry. Cuando le preguntó sobre ello, él culpó a su hijo de 25 años, y con Melissa eliminaron todas las pruebas y limpiaron el historial del navegador. Melissa dejó claro que observar pornografía no era parte de lo que habían acordado en su relación y Larry asintió. Poco después, en dos meses, Melissa volvió a encontrar pruebas de pornografía. Esta vez, no estaba dispuesta a escuchar ninguna excusa sobre el hijo de Larry, especialmente, porque llevaba fuera de la ciudad varios meses.

En ese momento, Melissa presionó a Larry para que le contara todo lo que había estado haciendo. Sabía por la experiencia con su exmarido que no sería capaz de curarse a sí misma o a la relación si no conocía toda la verdad. Larry le dijo que no había nada más que saber. Que había estado mirando porno algunas veces y que lo sentía mucho. Dijo que no ocurriría más.

De todas maneras, Melissa no lo pasó por alto y finalmente, después de varias semanas, Larry confesó que no se trataba solo de porno. Que había visitado clubes de striptease en numerosas ocasiones. Melissa estaba abrumada, no tenía ninguna red de apoyo y era incapaz de procesar sus sentimientos.

Durante la última semana, Melissa se ha estado automedicando con vino. Con Larry, alterna entre gritarle y disculparse por estar borracha. Tanto Larry como Melissa confiesan quererse y desean curar la relación, pero ninguno está seguro si es posible. Están de acuerdo en participar en una terapia de pareja, pero con pocas esperanzas. Han salido a la luz demasiadas cicatrices viejas. Su terapeuta tiene esperanzas de que como ahora Melissa lo sabe todo, el proceso de sanación puede comenzar con la preparación de una carta de impacto.

Hojas de trabajo para preparar la carta de impacto

Como pareja engañada, necesitarás recopilar tus pensamientos antes de escribir la carta de impacto. Las siguientes hojas de trabajo te ayudarán a hacerlo. Primero, necesitas evaluar las áreas de la vida en las que has sufrido dolor, falta de confianza y sus consecuencias. Después, deberás recordar las mentiras, engaños y luz de gas (abusos por engaños). Igualmente, deberás fijarte en la autoinculpación, sexualidad, así como las promesas y votos rotos.

A medida que vayas completando las hojas de trabajo, ten en cuenta las preguntas siguientes:

- ¿Has sufrido consecuencias en tu salud, como enfermedades o ETS?
- ¿Has sufrido consecuencias con tus amistades? Por ejemplo, ¿has perdido amistades debido a la conducta sexual de tu pareja, o te has impuesto un aislamiento porque no quieres contarle a nadie lo que está ocurriendo en tu vida?
- ¿Te preocupa que la relación con tu pareja nunca vuelva a ser igual?
- ¿Has sufrido consecuencias financieras, tal vez relacionadas con la pérdida de empleo (el tuyo propio o el de tu pareja), o por el dinero que tu pareja ha gastado mientras te engañaba? ¿Existen además costes adicionales debido al tratamiento?
- ¿Has sufrido consecuencias psicológicas como vergüenza, baja autoestima, depresión, ansiedad, síntomas de PTSD o similar?

- ¿Has sufrido consecuencias espirituales, posiblemente la pérdida de fe o crisis existencial (preguntándote cuál es el significado de todo esto)?
- ¿Has sufrido consecuencias sexuales, como la falta de deseo, sensación de repulsión o falta de intimidad?
- ¿Ha afectado el engaño tu capacidad de desempeñar tu trabajo o tus labores en casa? Si es así, ¿de qué modo?
- ¿Cómo ha afectado a tus hijos? ¿Han conocido información que podría ser traumática para ellos? ¿Han vivido tensión y conflictos en el hogar?

Análisis de consecuencias

Tipo de consecuencia	Descripción	Pensamientos	Sentimientos
Consecuencias en la salud			
Consecuencias en las amistades/relaciones			

Tipo de consecuencia	Descripción	Pensamientos	Sentimientos
Consecuencias financieras			
Consecuencias psicológicas			
Consecuencias espirituales			

Tipo de consecuencia	Descripción	Pensamientos	Sentimientos
Consecuencias sexuales			
Consecuencias profesionales			
Consecuencias para tus hijos			

Análisis de mentiras, engaños y luz de gas (abusos)

Además de las consecuencias enumeradas anteriormente, también habrás sufrido una pérdida de confianza en la relación. Con toda probabilidad, ahora cuestionas todo lo que tu pareja hace o dice. Si es así, se debe a las mentiras, engaños y luz de gas en las que ha participado como parte de la adicción.

En el espacio inferior, haz una lista de todas las mentiras que tu pareja te ha contado. Sé específico(a). Después de cada mentira, escribe cómo te sentiste cuando lo supiste (es decir, confuso(a), enfadado(a), con miedo, avergonzado(a), etc.)

1. ....

2. ....

3. ....

....

....

Autoinculpación

¿Ha habido momentos donde te has auto inculpado por la conducta de tu pareja? Si es así, enumera esos momentos, junto con tus pensamientos ahora sobre esos momentos.

....

....

....

....

....

....

....

....

....

....

....

....

....

....

....

....

Sexualidad

Después de escuchar la divulgación de tu pareja, probablemente tendrás sentimientos sobre conductas específicas en las que él/ella ha participado. Enumera las conductas sexuales de tu pareja y tus pensamientos y sentimientos sobre ello.

Conducta sexual de tu pareja	Tus pensamientos	Tus sentimientos

Conducta sexual de tu pareja	Tus pensamientos	Tus sentimientos

Promesas y votos rotos

En la sección siguiente, haz una lista de las promesas y votos rotos que tu pareja te hizo y tus pensamientos y sentimientos por cada uno de ellos.

Votos/Promesas rotas	Tus pensamientos	Tus sentimientos

Votos/Promesas rotas	Tus pensamientos	Tus sentimientos

Parejas engañadas: Carta de impacto

Una vez que hayas completado las hojas de trabajo anteriores y evaluado las áreas más importantes de impacto, estás ya listo(a) para escribir una carta comunicando tu dolor a tu pareja participante. Esta carta describe en detalle cómo te ha afectado el engaño. Como la carta debe ser exhaustiva, también puede ser larga. Lo que quieres es que tu pareja entienda verdaderamente tu experiencia y el daño tan profundo que te ha infundido.

A medida que escribes la carta, ten en cuenta las siguientes sugerencias:

- Sé específico(a) y ofrece ejemplos personales de tus experiencias.
- Ten la disposición suficiente para describir tus sentimientos, sin importar lo dolorosos que sean.
- Aunque tu carta de impacto es la expresión de tu dolor, evita culpar, hacer que se avergüence o reprender a tu pareja.
- Como escribir la carta puede ser una experiencia altamente emotiva, haz este ejercicio con el apoyo de tu terapeuta.

A continuación, mostramos una serie de pautas para escribir tu carta. Incluye el máximo de elementos sugeridos que puedas. Por favor, revisa la carta con tu terapeuta, grupo de soporte o persona de apoyo antes de compartirla con tu pareja.

Sección 1: Evaluación del proceso de divulgación

En esta sección, describe cómo te afectó el proceso de despliegue de la divulgación. ¿Descubriste inicialmente algo por ti mismo(a)? ¿Compartió tu pareja información sobre el engaño poco a poco a lo largo del tiempo? ¿Cómo afectó esto tu estabilidad emocional? ¿Fue una revelación escalonada y fue traumática para ti? ¿Hubo información que fue particularmente decepcionante y traumática para ti? Comparte incidentes específicos que fueron particularmente dolorosos. Si recibiste una divulgación terapéutica, ¿cómo fue? Describe una imagen de tu experiencia emocional. ¿Cuáles fueron los aspectos más dolorosos de todo ello?

Sección 2: Descripción de consecuencias

En esta sección, describe cómo el engaño ha afectado todas las áreas de tu vida. Explica en detalle las consecuencias que has experimentado debido a la conducta de tu pareja. Describe las consecuencias físicas, en la relación, psicológicas, financieras, sexuales y profesionales que has vivido. Describe las consecuencias que también han afectado a tus hijos.

Sección 3: Evaluación de las mentiras, los engaños y la luz de gas

En esta sección, describe cómo el engaño de tu pareja te ha afectado. Identifica las maneras en las que tu pareja fue intencionalmente manipuladora y falsa. Describe ejemplos específicos de un comportamiento enloquecedor y cómo te sientes sobre ello. ¿Te provocó el engaño que dudaras de ti mismo(a)? ¿Cómo te sientes al conocer la verdad y la extensión de las mentiras? ¿ Cómo has recuperado tu realidad alrededor de esta verdad?

Sección 4: Autoinculpación

Es posible que te hayas encontrado culpándote erróneamente por el comportamiento de tu pareja. Por ejemplo, quizás pienses que si hubieras sido un(a) amante más disponible, menos enfadado(a), más cariñoso(a), etc., entonces todo esto no hubiera ocurrido. Es importante que te des cuenta de que tú no eres el/la culpable del engaño sexual. En esta sección, cuéntale a tu pareja cuáles han sido tus problemas en este área y cómo su falsedad ha llegado a causar que dudes de ti mismo(a). Explica a tu pareja que te has dado cuenta ahora que nunca has sido responsable de su conducta. Describe cómo te sientes al pensar que lo eras. Utiliza tu voz para empoderarte y desprenderte de la responsabilidad del engaño.

Sección 5: Sexualidad

Describe tus pensamientos y sentimientos sobre la conducta sexual de tu pareja. Cuando descubriste lo que estaba haciendo, por ejemplo, visitar prostitutas, acostarse con alguien en tu propia cama, utilizar pornografía, ¿qué sentiste?, ¿existen conductas en particular que te proporcionaron más problemas? ¿qué ha significado para ti conocer este aspecto de la sexualidad de tu pareja?

Describe cómo las conductas de tu pareja han afectado a tu propia sexualidad. ¿Cómo ha cambiado el engaño la relación sexual con tu pareja? ¿Y tu sexualidad individual? ¿Te preocupa si tu cuerpo responderá o funcionará sexualmente? ¿Ha afectado todo esto a tu funcionamiento sexual?

Sección 6: Miedo y vergüenza

Describe los temores que tienes acerca del juicio de los demás, juzgándote a ti, a tu pareja o juzgando vuestra relación. ¿Sientes vergüenza sobre el comportamiento de tu pareja? ¿Has sufrido vergüenza pública relacionada con su conducta? Si es así, ¿cómo te ha afectado? Cuando piensas en otras personas que conocen el engaño o que podrían descubrirlo, ¿qué es lo que piensas?

Sección 7: Impacto en la relación

Describe cómo el engaño ha afectado tu relación. ¿Has perdido las sensaciones de seguridad y conexión que tuviste antes? ¿Ha afectado el conocimiento del engaño y su decepción tu capacidad de confiar en la relación? ¿Qué votos o promesas que hizo tu pareja se han roto? ¿Cómo te sientes a la hora de confiar en tu pareja de ahora en adelante? ¿Cree que se podrá restaurar la confianza? ¿Qué necesitarías ver y experimentar para que eso ocurriera?

Sección 8: Límites

En esta sección, describe brevemente cómo te vas a cuidar a ti mismo(a) de ahora en adelante después de la divulgación oficial. ¿Habrá nuevos límites que necesitas imponer para protegerte? Considera tus necesidades emocionales, físicas y sexuales en este momento. ¿Existe algún tipo de límite relacionado con tus hijos, amigos o familia que es necesario aplicar? Describe otras necesidades especiales que tengas en este momento.

Sección 9: Cierre

Cierra reconociendo que esta carta probablemente va a ser dura para tu pareja. Hazle saber que el propósito de esta carta es compartir tus sentimientos sobre la adicción y como seguir adelante con esta relación. Agradece a tu pareja el haber leído o escuchado la carta.

Nota a la pareja engañada

La carta siguiente es un ejemplo breve. Algunas cartas de impacto son cortas como esta, pero otras pueden ser más largas y podrían llevar varias sesiones de terapia con tu pareja. Escribe tu carta según lo que sientas que es lo correcto.

Ejemplo de carta de impacto

Estimado Ron:

Te escribo esta carta para que tengas un mayor entendimiento de cómo me ha afectado la infidelidad en el curso de nuestro matrimonio. Mi esperanza es que, si escuchas mis sentimientos sobre tu conducta, especialmente las mentiras, secretos y manipulación, lo "captarás" y entenderás por qué estoy enfadada continuamente, un minuto con miedo y feliz al siguiente. Mi más profunda esperanza es que finalmente sientas algo de empatía por lo que he sufrido y lo que sigo experimentando en nuestro matrimonio.

Para mí, lo peor que hiciste fue ocultarlo. Las mentiras, los secretos, la luz de gas y las confesiones parciales. Al principio, cuando te dije que estaba preocupada, me dijiste que me estaba imaginando cosas. Cuando me enfrenté a ti con pruebas reales, lo negaste y me acusaste de inventarme cosas. Cuando finalmente admitiste ciertas cosas, negaste el resto y me culpaste de cosas que tú mismo habías confesado. Me sentí continuamente traicionada y abusada. En ocasiones, incluso se me revolvía el estómago. Y el hecho de que en varias ocasiones me aseguraste que sabía todo y no había nada más, para después encontrar que no era verdad, hizo que todo empeorase. Los meses de revelación escalonada hicieron imposible que confiara en ti y también en mí duro confiar en que finalmente me habías contado todo.

Mi estado emocional es un desastre desde el momento que empecé a sospechar que me estabas engañando. Y cuando empecé a ver pruebas que confirmaban mis sos-

pechas, ya no sabía qué hacer. En un momento determinado pensaba que no podía ser verdad, al siguiente no podía entender cómo la única persona en el mundo que supuestamente me respaldaba, me había traicionado. Esta montaña rusa todavía continua hoy en día y lo odio. Siento que el hecho de que no puedo controlar mis emociones es culpa mía y sentirme así abre otra herida que tú has generado en mí.

Tu adicción sexual y los engaños han afectado cada aspecto de mi vida. Estoy de mal genio con los niños y no saben por qué. Me preocupa que piensen que son ellos los que han hecho algo mal, es increíblemente injusto para ellos. También me preocupa todo el dinero que te has gastado con tu adicción, y lo que estamos gastando ahora en tu recuperación y en tratar de curar nuestra relación. Lo peor de todo, siento que estoy tan obsesionada con la traición que no me puedo concentrar en mi vida. Nuestra casa no tiene el aspecto que tenía antes, las comidas que cocino no son tan buenas como solían ser, y en ocasiones, hasta me olvido de hacer cosas, algo que nunca me había ocurrido antes del engaño.

Cuando tuviste la aventura con Janet, lo sabía, pero tú me decías una y otra vez que había terminado. Y te enfadabas conmigo y me decías que si no fuera tan gruñona no necesitarías otras mujeres en las que apoyarte. También señalabas cosas horribles sobre mi aspecto. Me hiciste sentirme mínima y sin valor. Me hiciste sentir como si no tuviera el derecho a enfadarme. Tuviste el mismo comportamiento despreciable cuando me enfrenté contigo sobre el uso del porno, de las aplicaciones de encuentros sexuales en tu teléfono y otros indicadores claros de traición. Me rebajaste y me confundía el hecho de que continuáramos en nuestro matrimonio haciéndome sentir que nuestros problemas eran todos culpa mía, a pesar de ser tú el que me estaba engañando.

Los momentos en los que me mentías rotundamente y me decías que mi mente me estaba pasando malas jugadas, a pesar del número de pruebas que mostraban que estabas engañándome. Quería creerte, intentaba creerte, pero esto no cuadraba con la realidad que estaba sufriendo. En ocasiones, incluso pensé que me estaba volviendo loca. Ya no sabía lo que era real y lo que no.

La peor parte de estos engaños fue que empecé a culparme a mí misma. Pensé que tal vez no era lo suficiente atractiva, o capaz de amar lo suficiente, o buena esposa y por eso hiciste todo lo que hiciste. Mi autoestima se arruinó por completo. Cuando supe que estabas usando porno, intenté perder peso y vestir de manera diferente porque pensé que estaba demasiado gorda y me había abandonado. Pasé hambre y tuve terribles dolores de cabeza, además de una grave ansiedad con respecto a mi apariencia.

Antes del engaño, realmente creía que teníamos un matrimonio ideal, es decir, una buena casa, niños fantásticos y suficiente dinero para vivir de manera confortable. Eso era todo lo que quería, hasta que descubrí que todo era una mentira. Sentí como si hubiera perdido mi matrimonio y nuestra vida para siempre y que a partir de este momento se dividía en un antes y un después del engaño, y nunca podré confiar en ti de la manera en la que lo hice antes, ni tampoco estaré tan cómoda en la relación como lo estaba antes, ni disfrutaré del sexo de la manera que lo hice antes. Me preguntaré siempre, cuando tengamos sexo, si realmente estás "allí" o tu mente está pensando en alguien más.

Siento una vergüenza inmensa sobre lo que ha ocurrido, como si de alguna manera hubiera fallado como esposa. Y me preocupa lo que otros sepan o sospechen. He mentido incluso a mi familia y a la tuya porque no quiero que la mía me juzgue por continuar contigo y la tuya lo haga por creer que en realidad yo soy la causa de tu comportamiento. También lo he mantenido en secreto a mis amigas, porque no quiero que sepan que ha pasado, incluso aunque sé que me apoyarán. Siento que debo ser deshonesta de esta manera, pero al mismo tiempo hace daño a mi autoestima. Siempre he estado orgullosa de mi honestidad y ahora ya no puedo. Siento que estoy mintiendo, guardando secretos y manipulando a las personas igual que haces tú y eso realmente me molesta porque tus mentiras, secretos y manipulación me han dañado más a mí y a nuestra relación que las conductas sexuales en las que has participado.

Tu traición ha arruinado mi capacidad de confiar en lo que digas o hagas. ¿Me has amado alguna vez? ¿Te he importado en algún momento? También ha arruinado mi capacidad de confiar en los demás. Ahora ya no eres solo tú en el poco me has ido contando pequeños fragmentos de la historia, sin tan siquiera ser totalmente honesto hasta que realizamos la divulgación formal terapéutica, lo ha empeorado todo.

Cada vez que descubría otro episodio, dolía todavía más. Es como si estuvieras metiendo el dedo en la herida. Y ahora, el dolor de esa herida está afectando a todas mis relaciones.

Mi esperanza es que, con el tiempo, establecerás una sobriedad sexual sólida y podremos reconstruir la confianza en nuestra relación. Para que eso ocurra, deberás ser diligente en tu recuperación y ser honesto, no solo conmigo sino con las personas en todos y cada uno de los aspectos de la vida. Necesito saber que estás yendo a terapia y las reuniones de los 12 pasos, y que además estás haciendo el trabajo que te mandan. Si no logras ser honesto conmigo, necesito que digas la verdad sobre todo ello en 24 horas.

Necesito, además, que sepas que me encuentro como en una montaña rusa emocional y no es culpa mía. Necesito que desarrolles cierta empatía por lo que esto sufriendo y continuaré experimentando. Necesito que no me culpes o te enfades conmigo cuando pierdo el control de mis emociones.

Sé que ya nunca tendremos la relación que tuvimos antes del engaño, pero tal vez podamos tener algo diferente que, en definitiva, sea mejor, más íntimo y duradero. Estoy animada por los pasos que has dado para superar tu adicción y salvar nuestra relación. También me siento bien por el trabajo que estoy haciendo para superar el dolor. Deseo quererte y respetarte con todo mi corazón y quiero que tu hagas lo mismo por mí. Si los dos lo logramos, no solo sobreviviremos, sino que prosperaremos.

Con cariño, Marie

Cuando hayas terminado tu carta de impacto, necesitarás compartirla con tu pareja. Debe hacerse con el apoyo de vuestros terapeutas, preferiblemente en una sesión conjunta con vuestros dos terapeutas y un terapeuta especializado en parejas. Estos profesionales pueden proporcionaros opiniones importantes y el apoyo que vais a necesitar. Además, tener testigos adicionales de tu tristeza y dolor puede ayudar a la sanación.

Parejas participantes, por favor, entended que escuchar esta carta será probablemente una de las partes más difíciles del proceso de curación, incluso más difícil que realizar la divulgación terapéutica. Es importante que reconozcas la carta de tu pareja como una parte integral de la curación y la recuperación.

Tu pareja *necesita* que entiendas su dolor con el fin de curarse y tú necesitas entender el dolor de tu pareja para recuperarte por completo. Por lo tanto, intenta estar emocionalmente presente y compenetrado con tu pareja, sin importar lo difícil que todo esto resulte.

Con toda probabilidad, tú y tu pareja acabaréis llorando a medida que se vaya leyendo la carta de impacto. Si es así, dejadlo fluir. Las lágrimas son algo bueno. Pueden limpiar la tristeza y proporcionar una plataforma para la curación.

CAPÍTULO CUARTO:

Restauración emocional y rectificaciones

Restauración emocional

Parejas participantes, acabáis de escuchar y ser testigos del profundo dolor causado a vuestra pareja debido a tu comportamiento. Ahora es el momento de llevar a cabo una restauración emocional. Este proceso conlleva una respuesta por escrito a la carta de impacto de tu pareja, seguido de actos que la respalden. El objetivo aquí es que él/ella sepa que has entendido la profundidad de su dolor, expresando arrepentimiento y reconociendo la responsabilidad de tus actos y la disposición por cambiar.

Es importante que, a lo largo de tu carta de restauración emocional, mantengas una actitud en la que asumes la responsabilidad de tu conducta. Es también importante que te tomes el tiempo suficiente para ser meticuloso(a), poniendo mucho esfuerzo en mostrar a tu pareja que verdaderamente entiendes el daño que has hecho, que te estás tomando tu curación personal y de la relación increíblemente en serio, y que tu intención es que no vuelva a ocurrir un engaño.

A continuación, presentamos algunas pautas para escribir esta carta:

- Responde a los ejemplos específicos descritos en la carta de impacto de tu pareja. Céntrate y trata específicamente las áreas que tu pareja ha citado como las más dolorosas e importantes.

- No compartas ninguna nueva información sobre tu conducta sexual. Toda la información debería haberse compartido en tu divulgación terapéutica. Si existe nueva información, debería adjuntarse como un apéndice a tu divulgación con el apoyo de los terapeutas.
- Comparte tus sentimientos de una manera sincera y genuina. Tu pareja engañada necesita saber cómo te ha afectado su carta de impacto.
- Consigue apoyo mientras escribes la carta. Comparte y obtén comentarios sobre tu carta por parte de tu terapeuta y personas de apoyo antes de compartirla con tu pareja.
- Después de compartir tu carta de restauración emocional con tu pareja, ten en cuenta que le llevará algún tiempo absorber y procesar esta información. Déjale espacio. Debes entender que él/ella podría necesitar algo más, es decir, comprobar que los cambios que estás haciendo resistirán el paso del tiempo antes de perdonarte y volver a confiar en ti.

De manera general, tu carta de restauración emocional debería seguir el orden de la carta de impacto de tu pareja. Tómate el tiempo necesario para releer y volver a leer la carta de impacto antes de responder. Podría ser útil abarcar los siguientes temas cuando respondas.

Nota a las parejas engañadas: Por favor, ten en cuenta que podría ser difícil para tu pareja trabajar en la carta de restauración emocional. Dale tiempo y tranquilidad si lo necesita y ofrécele el apoyo que puedas.

Tema 1: El impacto de la divulgación

Reflexiona en la experiencia de tu pareja engañada en el proceso de divulgación. Valida la realidad de tu pareja durante la divulgación y asume la responsabilidad del daño causado. Intenta ponerte en la situación de tu pareja imaginando cómo puede sentirse en este momento. Responde con empatía. Normaliza las respuestas del trauma de tu pareja al proceso de divulgación. Reconoce y asume cualquier tipo de manipulación que podría haber ocurrido durante el proceso de divulgación y cualquier intento de minimizar tus conductas engañosas.

Tema 2: Validación de las consecuencias en la pareja engañada

En la carta de impacto de tu pareja engañada, él/ella habla de las diferentes áreas de la vida que se han visto afectadas por tu traición, y las consecuencias que están experimentando, tanto en su salud física, psicológica, espiritual, sexual y profesional. Así como las consecuencias a los hijos (si procede). Tómate el tiempo necesario para reflexionar sobre esas áreas de la vida y como habrá sido para tu pareja. Responde a las pérdidas específicas que tu pareja ha sufrido y reflexiona sobre lo difícil que todo esto ha debido ser para tu pareja. Comparte cómo ha sido para ti observar el sufrimiento de tu pareja por estas pérdidas como resultado de tu conducta y engaño.

Tema 3: Validación de la decepción

Para tu pareja engañada, la decepción relacionada con tu engaño probablemente ha sido el aspecto más doloroso de tu comportamiento. Tus mentiras y secretos has destruido la confianza de la relación, escarbando una profunda herida en el corazón de tu pareja. En la carta de impacto de tu pareja, él o ella identificó las mentiras más dolorosas y destructivas por las que pasaron durante el engaño. En esta sección, asume y reconoce la responsabilidad de esta conducta destructiva. Ratifica lo confuso que todo esto ha sido para tu pareja. Intenta reflexionar en cómo ha debido de ser todo esto y muestra empatía. Explica los modos en los que intentabas confundir o abusar de los engaños con tu pareja. Asume la responsabilidad de esta conducta egoísta y dañina.

Tema 4: Validación en la exculpación de tu pareja

Es normal en las parejas engañadas creer que de alguna manera el engaño es culpa suya. Sienten como si no fueran lo suficientemente atractivas, o hicieron algo que te alejó de ella para terminar engañándola. Esto además se agrava por tus intentos de cambiar la culpa de tus decisiones y colocarla sobre tu pareja. Como tal, es importante que asumas toda la responsabilidad de tu traición. Asumir la responsabilidad no significa que seas el culpable de todos los problemas que ocurren en vuestra relación; significa que eres responsable del engaño. También significa que comprendes que necesitas trabajar para curar la traición antes de que tu pareja y tú podáis tratar otros problemas de la relación.

Indica a tu pareja que nada de lo que él/ella ha hecho causó tus acciones. Si tienes una adicción al sexo o a la pornografía, con frecuencia es útil proporcionar una breve explicación de lo que tu creas que contribuyó al desarrollo de tu adicción (como, por ejemplo, una exposición demasiado temprana a la pornografía, traumas y abusos en la infancia no resueltos, etc.) Es importante que no describas estos factores como una excusa por tu conducta; un lenguaje asumiendo tu responsabilidad es crucial en este momento. Si te refieres a tu historia traumática y otros problemas subyacentes, es importante recordar que no lo haces con el objetivo de mostrarte como una víctima; se trata de explicar que tu engaño no tiene nada que ver con tu pareja.

Tema 5: Validación del daño en la sexualidad de tu pareja

El engaño puede interferir con la parte más sagrada de tu pareja, su sentido de sí mismo(a) y de su sexualidad. Después de conocer tu conducta, tu pareja probablemente tendrá muchas dudas sobre lo que significa la intimidad sexual entre vosotros dos. Podría tener imágenes postraumáticas de tu conducta en su mente, y estas imágenes podrían causar inseguridad y problemas con la imagen de su cuerpo.

Tu pareja además podría sentir que ahora que ambos estáis intentando curar la relación y seguir juntos, se ve obligado(a) a tener sexo contigo, a pesar de no sentir excitación (al menos al principio), con tan solo pensar en la sexualidad. Es importante, como pareja participante, que entiendas que cuando la confianza en la relación se rompe, esta pérdida puede interferir con los sentimientos de atracción hacia ti, y sus sensaciones sobre el sexo en general. Si tu pareja parece no estar interesada(o) por el sexo, debes demostrarle que no pasa nada, que estás dispuesto(a) a esperar hasta que la confianza se haya restaurado y él o ella vuelve de nuevo a sentir atracción por ti.

Cada pareja engañada es única y diferente en sus respuestas. Piensa un momento y reflexiona en cómo tu traición ha afectado la sexualidad de tu pareja. ¿Cuáles son tus sentimientos, al saber que has herido esa parte de tu pareja? Intenta expresar tus sentimientos con compasión y entendimiento. Responde a los temas específicos que tu pareja sacó a la luz en su carta de impacto. Explica cómo te comprometes a apoyar a tu pareja en todo ello. Es importante que expreses tu disposición a trabajar en ello, a tener paciencia con todo lo que tu pareja engañada necesite.

Tema 6: Validación de sentimientos de vergüenza

La pareja engañada podría temer que las personas le juzguen por continuar contigo, o empiecen a hacer suposiciones sobre tu relación basada en el engaño. Este tipo de vergüenza pública, tanto si es real o simplemente percibida, puede ser extremadamente desagradable. Reflexiona en lo que debe ser todo esto para tu pareja. Cuando piensas sobre la vergüenza y el temor que has causado a tu pareja, ¿qué es lo que piensas? Ratifica el dolor de tu pareja y comparte tus experiencias con este mismo tema. De nuevo, asume toda la responsabilidad por haber traído este dolor a tu relación y a tu pareja.

Tema 7: Valida el impacto del engaño en tu relación

Tu relación, tal y como tu pareja engañada y tú sabéis, ya no va a ser la misma. Tu conducta ha destruido la confianza y seguridad que compartíais antes. A partir de ahora vais a reconstruir una nueva relación. Muchas parejas engañadas sienten un gran duelo por la pérdida de la relación que tuvieron, en particular, la pérdida de confianza y seguridad. Como tal, probablemente tu pareja tendrá el corazón roto por las promesas que has quebrantado y los compromisos que no has sido capaz de cumplir. Ratifica que tu pareja tiene todo el derecho del mundo a tener esos sentimientos y a dudar de tu honestidad y compromiso.

Tema 8: Disculpas y rectificaciones

Esta parte de la carta es tu oportunidad de expresar el arrepentimiento y disculparte por tu conducta. Tu pareja necesita escuchar el arrepentimiento, la tristeza, culpabilidad y vergüenza sobre tu comportamiento y que te disculpes sinceramente deseando rectificar.

Debes entender, por favor, que hacer rectificaciones no es lo mismo que disculparse; hacer rectificaciones es el compromiso de hacer las cosas bien y comportarse de manera diferente en el futuro. Por lo tanto, ¿cuáles son tus compromisos de ahora en adelante? ¿Estás de acuerdo en aceptar los límites impuestos por tu pareja y proporcionarle el apoyo que necesita? Comparte con tu pareja una breve descripción de tu plan de recuperación para demostrar cuáles son tus objetivos y cómo vas a vivir de manera diferente. Comparte los valores que vas a obedecer y cómo afectarán tus pensamientos y conductas.

Ejemplo de carta de restauración emocional

Querida Emma:

Escribo esta carta para hacerme responsable y reconocer todos los modos en los que te he traicionado y dañado, tanto a ti como a nuestra relación. Quiero mostrarte que verdaderamente entiendo la manera en la que has sido herida, y quiero que sepas cómo voy a planear tu curación y volver a ganar tu confianza. Finalmente, quiero prometer un compromiso con mi recuperación, a ti y a nuestro matrimonio. Te quiero con todo mi corazón, y deseo pasar el resto de mi vida ganando tu confianza y volviendo a crear nuestro matrimonio y vida juntos. Espero que sientas que estas palabras proceden de mi corazón y mi alma.

Te he revelado por completo la extensión de mi adicción y engaños durante la divulgación terapéutica. Quiero confirmar ahora que la información proporcionada fue precisa y completa. Y quiero, de nuevo, reconocer que te he mentido reiteradamente, he guardado importantes secretos, he intentado manipularte e incluso culparte por mis acciones. No es culpa tuya. Las decisiones las tomé yo solo, y ahora que empiezo a entender el dolor y daño que he causado, desearía no haber hecho nunca todas esas cosas. Soy responsable de todo ello, y estoy trabajando activamente para cambiar mi manera de pensar y mi conducta, para no volverte a hacer nunca más algo semejante.

Sé que mi conducta lleva a cuestionarte toda nuestra relación, preguntarte si alguna vez te he querido. También sé que mi traición ha provocado que te preguntes si cuando intimábamos físicamente o estábamos románticos, estaba "realmente allí contigo" o estaba pensando en otra mujer. Lo entiendo, y que te cuestiones todo ahora, tanto sobre mi amor como nuestra relación. Es culpa mía. He causado esta confusión y dudas con mi adicción y decepción. Sé que me sentiría igual si tú me hubieras hecho lo mismo. También entiendo que te sientas menos presente con los niños, que te preocupa que interioricen la culpa por la tensión en nuestro matrimonio y en casa. De nuevo, todo esto es culpa mía. Así como las pérdidas financieras y los gastos que hemos sufrido y seguimos experimentando debido a mi adicción.

Me siento fatal observando el estrés y la ansiedad que todo esto te ha causado, especialmente sabiendo que es el resultado directo de mis engaños.

En numerosas ocasiones cuestionabas qué estaba haciendo. Dejaste desde siempre muy claro que cualquier tipo de conducta sexual o romántica fuera del matrimonio era inaceptable y una vulneración de los votos de nuestro matrimonio. Me dijiste que lo que estaba haciendo, incluso aunque no estaba dispuesto a admitirlo a menos que me pillaras con las manos en la masa, estaba dañando nuestra relación y estaba en contra de tus valores, pero lo ignoré y continué con mi adicción.

Para ocultar mis acciones, te decía que te estabas inventado cosas porque eras una paranoica. Minimicé tus temores, ignoré tus opiniones, ignoré tus preguntas y pisoteé tus sentimientos. Te puse todo tipo de trabas cuando intentaste conocer la verdad. Hice que incluso te cuestionaras tu realidad. Intenté hacerte creer que los problemas que teníamos eran culpa tuya. Actué como si yo fuera la víctima, en lugar de ti. Falté el respeto a tu inteligencia y tu intuición. Seguí participando en esas conductas, incluso con claras pruebas de lo contrario.

Me has preguntado muchas veces por qué he hecho todas estas cosas. Es algo que también me he preguntado. Como parte del tratamiento y de la terapia, he creado un cronograma de mi conducta sexual a lo largo de mi vida, y me ha ayudado a entender cuándo comenzó mi adicción y un poco acerca de cómo ocurrió. Mi esperanza es que compartir esta información contigo logre proporcionar cierta explicación sobre mi conducta. Esto, no obstante, no es una excusa. Esto no justifica mis opciones. No hay excusa a la traición que he llevado a cabo tanto a ti como a nuestra relación.

Al principio aprendí a tranquilizarme con la pornografía y la masturbación cuando tenía 10 años. Utilizaba estas conductas como el modo de evitar el caos en mi casa cuando era niño. Cuando mis padres bebían o discutían, me iba a mi habitación, cerraba la puerta y escapaba con imágenes y videos, masturbándome después. Este comportamiento continuó hasta que nos casamos. En nuestro matrimonio, después de la muerte de mi padre, no podía aguantar el dolor y la depresión, y me automedicaba utilizando de nuevo pornografía, además de usar otras medidas. Después, nuestro hijo desarrolló problemas de comportamiento, lo que me superó, y, de nuevo, en lugar de enfrentarme a las emociones, no supe cómo gestionar este factor estresante de un modo racional y saludable porque nunca aprendí como hacerlo en mi infancia.

Espero que te des cuenta, incluso aunque mi adición al sexo te ha dolido profundamente, que tú no has sido de ninguna manera la causa de ello.

Comenzó mucho antes de conocerte. En ocasiones te culpé por mi conducta, pero nunca fue por ti. Te lo aseguro. Tus reacciones por mis engaños están completamente justificadas. El trauma por mi traición te ha creado una montaña rusa emocional que hace difícil que confíes en mí o en alguien más. Soy responsable de todo ello. Y el hecho de que antes de la divulgación terapéutica seguí manteniendo secretos, solo hizo que todo empeorase. Quiero que sepas que lo entiendo y me siento fatal por ello.

Sé que mi conducta ha afectado profundamente tu sentido de autoestima y tu capacidad de confianza y de disfrute del sexo. También entiendo que te sientes avergonzada de lo que ha ocurrido en nuestro matrimonio, incluso aunque nada de esto es culpa tuya. Te preocupa lo que nuestra familia y amigos pensarán, si te juzgarán por estar conmigo o de alguna manera causarán mi alejamiento. Yo también estoy preocupado por la opinión de la familia y amigos y cómo podría afectar a nuestras vidas. Y, de nuevo, todo esto es culpa mía, no tuya. He vulnerado los votos de nuestra relación y arruinado tu capacidad de confiar en mí y sentirte segura conmigo. He causado que te preguntes si serás capaz de creer en mí de nuevo, y me siento terriblemente mal por haberte puesto en esta situación.

Por tu carta de impacto y además por el tiempo que pasas conmigo, he comprobado cuanto te duelen mis mentiras, secretos y falsedades. Gracias por compartir tu vulnerabilidad conmigo en tu carta y nuestra vida. Me ha ayudado realmente escuchar y sentir el dolor que te he causado. Volveré a leer tu carta de impacto muchas veces más. Estoy seguro de que, a medida que continúe con mi recuperación, seguiré trabajando en desarrollar y sentir una mayor empatía. Por ahora, creo que al menos me encuentro en los inicios de ser consciente y apreciar lo que has sufrido y sigues sufriendo.

Quiero ratificar que tu experiencia es legítima. Cualquier persona que ha sido engañada como te engañé yo, sentiría lo mismo. Sé muy bien lo que haría si hubiera sufrido este nivel de traición y decepción. Tus reacciones a todo ello han sido y continúan siendo completa y absolutamente normales, incluso aunque no siempre te haya apoyado en este hecho. Te pido disculpas por enfadarme cuando te encontrabas en plena ansiedad emocional. Te culpé y critiqué por ello, incluso aunque era culpa mía, no tuya. Todavía nuestra vida seguía girando alrededor de mí.

Me avergüenzo de estas acciones, al igual que todo lo que hice mientras seguía con mi adicción.

Me entristezco cuando pienso en lo que he hecho a nuestra relación, a ti y a nuestra familia. Siento de verdad mi conducta y el dolor y sufrimiento que he causado. Prometo comportarme de manera diferente en el futuro, poco a poco.

Te agradezco que hayas estado dispuesta a estar conmigo a pesar del dolor y el sufrimiento que he causado. Te agradezco que me hayas dado la oportunidad de reconstruir la confianza e intimidad en nuestra relación. Aprecio y respeto que necesites establecer ciertos límites para facilitar la curación, confianza e intimidad. Estoy comprometido con la segunda oportunidad que me estás brindando. Estoy comprometido con mi propia recuperación. Estoy comprometido a ser el hombre que prometí que sería cuando nos casamos. Estoy comprometido a todo el tiempo y el espacio que necesites para sanarte, y hacer todo lo que sea posible para ayudarte.

Quiero que sepas que me estoy tomando muy en serio mi adicción, mi sobriedad y mi proceso de recuperación y curación. Lo necesito por mí mismo tanto como por ti, nuestra relación y familia. No me gusta el hombre en el que me convertí en mi adicción, y no quiero ser esa persona nunca más. Mi esperanza es volver a ser mi yo verdadero, que es el hombre que prometí ser cuando nos casamos. Esto no va a ocurrir de la noche a la mañana. Necesitaré trabajar continuamente en la honestidad y la empatía, así como en resolver el trauma de mi infancia para que no controle más mis conductas. Mi esperanza es que haré todas estas cosas cada día mejor hasta que finalmente me pueda mirar en el espejo y me sienta satisfecho del hombre que se refleja en él. Estaré alerta en mi vida y consistente en mi recuperación para lograrlo.

Estoy increíblemente agradecido de que hayas expresado tu disposición a caminar a mi lado mientras realizo mi recuperación.

Con amor, Michael

Una vez que hayas finalizado tu carta de restauración emocional, la compartirás con tu pareja, preferiblemente en presencia de tu terapeuta individual y/o vuestro terapeuta de parejas. Este es el último paso del proceso de divulgación y sería bueno crear un cierre distintivo al finalizar.

Rectificaciones

Como ya hemos indicado anteriormente, es importante que las parejas participantes entiendan que hacer rectificaciones no es lo mismo que pedir disculpas. Hacer rectificaciones significa reparar el daño que has hecho a través de acciones y esfuerzo. Una disculpa puede ser parte de esto, pero solo una pequeña parte.

Las parejas participantes deberían entender que hacer rectificaciones en una relación traicionada no es solo cuestión de un acto, Es un proceso que lleva su tiempo. Además, debe hacerse sin pretenderlo, simplemente expresando el arrepentimiento por lo que has hecho y comprometiéndote consistentemente en conductas fiables, Si no permaneces dentro de la integridad durante el proceso de curación, este podría frustrarse. Vamos a considerar el caso de Avery e Isla.

Ejemplo: Avery e Isla

Después de descubrir la adicción sexual de Avery, él e Isla supuestamente hicieron todo lo correcto. Fueron a terapia individual y como pareja. Por mucho que Isla quería saber todo sobre las conductas de Avery, se les aconsejó tanto en la terapia individual como en la de pareja que esperasen a la divulgación formal, que se llevó a cabo a los cuatro meses de la recuperación de Avery.

La divulgación estuvo bien supervisada y apoyada, y Avery pasó la prueba del polígrafo para que Isla se sintiera segura y supiera que estaba diciendo toda la verdad. Isla, entonces, escribió su carta de impacto y la compartió con Avery en la terapia. Avery indicó que se sentía muy mal por lo que le había hecho a su mujer durante 22 años, escribió y compartió con ella su carta de restauración emocional similar al ejemplo mostrado anteriormente.

Lamentablemente, no parecía que Avery "entendiera" que la confirmación de que iba a rectificar haciendo las cosas bien y *comportándose de manera diferente en un futuro,* significaba que tenía que hacer todas esas acciones. Unos meses después, se saltó las sesiones de terapia de las reuniones de los 12 pasos, y dejó de trabajar los 12 pasos con su persona de apoyo. Según iba haciendo todo esto, comenzó de nuevo a ocultar secretos y decir mentiras, no sobre cuestiones sexuales, sino sobre otros aspectos de la vida.

En el seguimiento de los seis meses en la prueba del polígrafo, Avery superó la pregunta sobre la conducta sexual inadecuada, pero falló en la de decir mentiras y guardar secretos. Isla indicó que sentía como si su proceso de reconstrucción de confianza y curación de la relación hubiera vuelto al punto de partida, o incluso a menos cero. Dijo que incluso aunque Avery no la estaba engañando o participando activamente en su adicción sexual, las mentiras y los secretos dolían exactamente lo mismo. Isla sentía que necesitaba volver a revisar la divulgación y empezar de nuevo el proceso, pero Avery no estaba de acuerdo. Ahora mismo se encuentran en un punto muerto y nadie tiene esperanzas sobre el futuro de la relación.

Como puedes observar en este caso, una conducta honesta, fiable y digna de confianza es crítica durante el proceso de curación. Las parejas engañadas generalmente pueden sentir que la conducta inadecuada continúa. Estar involucrado al 100% en tu proceso de recuperación es fundamental.

A medida que hagas rectificaciones de tu traición, no permitas que la vergüenza o el orgullo ensombrezca tu juicio. Debes dejar de culpar a los demás por tus acciones y debes vivir de manera diferente a partir de ahora, colocando tu relación por delante de tus momentos de deseo personales. Además, debes hacer el trabajo de recuperación y curación, entendiendo y aceptando tus fallos como humano, admitiendo y asumiendo la responsabilidad por esos fallos de manera abierta, vulnerable y sin estar a la defensiva.

Parejas participantes: lo que se os está pidiendo no es una tarea sencilla. La expresión sincera de humildad y el arrepentimiento conlleva ser valiente, Pero debéis tener por seguro que este gesto prácticamente siempre (aunque a veces no de inmediato) se notará y apreciará por parte de tu pareja, siempre que tus esfuerzos sean genuinos.

Parejas engañadas: lo que se os está pidiendo tampoco es tarea fácil. Si recibes una rectificación que crees que es genuina, y empiezas a ver una conducta digna de confianza, considera abrir tu corazón de manera que permitas con el tiempo volver a la relación con tu pareja. Perdonar no significa olvidar; sin embargo, dejar ir el resentimiento es un modo de curación tanto para ti como para tu pareja. A veces da miedo abrir tu corazón de nuevo y reinvertir, pero sin dar ese paso, nunca sabrás si puedes reconstruir la intimidad, confianza y una conexión emocional profunda. Así que, mira a tu pareja a los ojos y dale una oportunidad al amor. Hazle espacio al amor para que crezca.

CAPÍTULO CINCO:

Trauma, responsabilidad y empatía

Trauma constante

Durante el proceso de curación, es común que los síntomas del trauma postraumático de la pareja engañada se incrementen temporalmente en lugar de disminuir. Se sentirán más tristes, más enfadadas(os) y con más miedo sobre la conducta de la pareja participante y de su relación. Se le desencadenarán emociones muy poderosas con tan solo recordar ligeramente lo que ha ocurrido.

Uno de los mayores errores que las parejas participantes pueden llevar a cabo en esta fase de la curación es no comunicarse con efectividad sobre los síntomas del trauma en la pareja engañada. Como resultado, la pareja participante piensa que la engañada está reaccionando excesivamente y eso exaspera aún más a la persona traicionada. Hasta que los síntomas del trauma de la pareja engañada se identifiquen y se pueda hablar de ellos, esta dinámica desagradable continuará.

Para las parejas engañadas, el primer desafío aquí es presentar de manera activa e intencionada el dolor, miedo y desencadenantes a su relación. Cuando te sientes disgustado y afligido, debes compartir con tu pareja cómo te sientes.

Con respecto a la pareja participante, su reto es escuchar los sentimientos de la pareja engañada y responder con empatía en lugar de enjuiciarla. Cada vez que tu pareja exponga su dolor, miedo o ira, tendrás una oportunidad de ayudar a la curación tanto de tu pareja como de tu relación.

El modo en el que respondas a los pensamientos traumáticos y sentimientos de tu pareja están directamente vinculado a las posibilidades de continuar juntos y curar vuestra relación.

Las estrategias poco efectivas incluyen:

- **Minimizar:** Tan solo fue sexo. No hubo sentimientos ni conexión de por medio. No significó nada para mí. Casi no podría clasificarse como engaño.
- **Cambiar la culpa:** Si hubiera tenido más sexo contigo en casa, no habría tenido que buscar fuera y satisfacer mis necesidades.
- **Luz de gas:** Si crees que estoy mirando a esa mujer es que estás paranoica.
- **Promesas vacías:** Siento mucho todo lo que he hecho. Fue un error y no ocurrirá más. (Y después no hacer nada para cambiar su comportamiento).
- **Retirada:** No soporto estas discusiones. Estaré en mi estudio viendo la TV. Por favor, déjame en paz.
- **Patologizar las respuestas de tu pareja:** Intentas controlar todas y cada una de las cosas que hago. Eso es lo que llaman codependencia. Necesitas ir a terapia para que te lo traten. Es realmente poco saludable y está arruinando nuestra relación.
- **Mentir:** Te estoy diciendo que no estaba en un club de striptease. Tuve que trabajar hasta tarde. No sé porque no me crees nunca.
- **Evitación:** Estoy cansado(a). Ha sido una semana larga en el trabajo y tú estás realmente como loca(o) sospechando. No tengo energía para discutir. Hablemos de ello en otro momento.
- **Discutir:** ¿Por qué estoy contigo? Conviertes cada aspecto de mi vida en algo miserable. No digo que te esté engañando, pero ¿a quién habría que culpar si lo hiciera?

Estas reacciones, claramente, van a causar un daño mayor a vuestra relación. Parte de la curación posterior a la divulgación es aprender a responder a tu pareja con empatía y sensibilidad. Las parejas engañadas sufren reacciones desencadenadas por recuerdos de la conducta anterior de la otra persona y necesitan seguridad y comprensión en sus miedos, pensamientos y sentimientos.

Vamos a considerar el caso de Anne y Dave. Anne descubrió las noches sin dormir y el uso de pornografía de Dave por la información en su teléfono. Dave negó que estuviera engañándola y que Anne estaba malinterpretando su teléfono. Después se enfadó y le dijo que no tenía por qué buscar en su móvil y que se merecía cierta privacidad, y que iba a cambiar todas sus contraseñas y no compartirlas con ella. También le dijo que, si no se hubiera "dejado ir" y tuviera más sexo en casa, no tendría que pensar en otras mujeres, por lo tanto, si alguna vez le había engañado, aunque seguía insistiendo que no lo había hecho nunca, toda la culpa era de Anne, no de él.

En las semanas siguientes, Dave se volvió cada vez más reservado. No estaba dispuesto a hablar de lo que había ocurrido. Seguía insistiendo que no estaba involucrado en nada y que Anne se había vuelto paranoica. A ella le costaba confiar en lo que decía o hacía. A medida que pasaron los días, entraron en discusiones muy dolorosas, Dave diciendo mentiras y manteniendo secretos y Anne intentando conocer la verdad. Finalmente, la tensión en la relación fue demasiada y Anne pidió el divorcio.

Existen muchas alternativas a estas estrategias disfuncionales que pueden calmar y dar seguridad a tu pareja engañada. Y no solo eso, sino que muchas de estas estrategias pueden comenzar a desarrollar de nuevo la conexión e intimidad en tu relación. Las estrategias efectivas incluyen:

- **Empatía:** Puedo notar que estás triste y sé que soy la causa de ello. Me duele mucho cuando te veo sufrir así.
- **Responsabilidad y arrepentimiento genuino:** Sí, participé en conductas X, Y e Z, e intenté mantenerlas en secreto. Incluso te he mentido para ocultar mi conducta. Siento mucho haber hecho algo así.
- **Seguridad:** Quiero trabajar en curar nuestra relación, y estoy tomando medidas activamente para hacerlo, y una de ellas es cambiar mi comportamiento y otra ser abierto(a) y honesto(a) contigo en todo momento.
- **Abierto(a), honesto(a) y comunicación directa**: Prometo que a partir de ahora no voy a mantener secretos, incluso en las cosas más pequeñas. Si escondo un secreto o te digo una mentira, prometo resarcirlo en 24 horas.
- **Las acciones coinciden con las palabras:** Voy a tomarme mi recuperación muy en serio. Voy a asistir a las reuniones de los 12 pasos los martes, jueves y sábados noche. Me voy a comprometer con mi terapia y con la terapia para parejas semanalmente. Te mantendré informada de mi progreso en el tratamiento.
- **Conducta fiable con el tiempo:** Te mantendré informada de lo que hago en todo momento. Si llego tarde, te llamaré o enviaré un mensaje para que sepas dónde estoy.
- **Transparencia:** Voy a vivir mi vida contigo como un libro abierto. En lugar de esperar a que me preguntes, te informaré de todo lo que quieras saber.

- **Paciencia:** Entiendo que estás disgustado(a) y enfadado(a) conmigo, y acepto que es culpa mía. Te proporcionaré todo el tiempo y el espacio necesario para que te cures de mi traición. Cuando te enfades, dejaré que estés enfadado(a) en lugar de intentar defender mis acciones.
- **Vulnerabilidad emocional:** Tengo miedo de que me dejes por lo que he hecho. No quiero perder ni a ti ni a la vida que hemos construido juntos. Me sentiré vacío sin ti en mi vida.
- **Responder con sensibilidad:** Siento mucho que haya ocurrido X y que te recuerde mi engaño. Acepto que sientas emociones muy fuertes ahora mismo, y que, aunque en este momento no haya hecho nada malo, te sientes como si así hubiera ocurrido. Si hay algo que pueda hacer para ayudarte en este momento, por favor, dímelo.
- **Seguir las recomendaciones del tratamiento:** Mi terapeuta me ha recomendado una terapia de grupo semanal y múltiples reuniones de los 12 pasos cada semana. Mi calendario para la terapia de grupo es X y para las reuniones de 12 pasos es Y. Si hay alguna razón para perderme alguna de esas sesiones te lo diré, e iré a otra sesión para recuperarla.
- **Entendimiento:** Sé que mi conducta anterior es la causa del dolor que sientes ahora. Lo siento mucho y me siento terriblemente mal por todo ello. Estoy aquí si quieres hablar conmigo, pero si prefieres no hablar ahora mismo, lo entiendo y lo respeto.
- **Gratitud:** Estoy agradecido(a) de que al descubrir mi engaño no me echaras de casa o cogieras tus cosas y te marcharas. Esto me proporciona esperanza y si hago las cosas que necesito hacer para mi recuperación, nuestra relación sanará.
- **Apreciación:** Aprecio sobremanera que hayas elegido que sigamos juntos y continuar tu rol en nuestra relación y en nuestro hogar mientras que trabajo en mejorar mis conductas y a mí mismo(a). Tu disposición y paciencia significan mucho para mí. Valoro mucho que mientras estoy luchando por convertirme en mejor persona, te estás haciendo cargo de nuestras finanzas y obligaciones.
- **Escuchar:** He escuchado lo que has dicho, y me gustaría repetirte lo que he escuchado para asegurarme de entenderlo totalmente. Lo que he escuchado es X. ¿Es correcto?
- **Dar espacio:** Entiendo que ahora y durante algún tiempo no tendrás deseos sexuales conmigo y que, incluso, en ocasiones, ni siquiera te apetezca tenerme cerca. Acepto que este es el resultado de mi traición, y te

proporcionaré todo el espacio que necesites, siempre que entiendas que deseo pasar tiempo de calidad contigo.

- **Intentar no ser reactivo(a):** Estás enfadado(a) y tienes todo el derecho a estarlo. Lo que hice es imperdonable. Acepto tu enfado y mi papel en todo ello. Me gustaría hablar de la situación, y así tal vez encontremos un modo de seguir adelante y sanarnos.
- **Apertura sobre la recuperación:** Actualmente me encuentro en el paso 3 de mi programa de los 12 pasos. Lo estoy pasando mal con él porque requiere que oriente mi vida y mi voluntad a un Poder Superior. No soy capaz de hacerlo sin el castigo del Dios con el que crecí y creo, por lo que debo ajustar y buscar otra forma de conexión spiritual. Algo más comprensivo y acogedor.
- **Autenticidad:** Hoy tuve un buen día. Algunas cosas fueron bien. Otras fueron X e Y. Hubo algunas que no fueron del modo que yo esperaba. En particular, me siento decepcionado(a) y enfadado(a) sobre Z. En el pasado, este tipo de decepción me haría caer en mi adicción. Ahora, en la recuperación, lo comparto contigo y además hablaré con mi persona de apoyo.

Vamos a considerar el caso de Sarah e Ira. Sarah se enteró de una aventura sexual de Ira al encontrar la información en su teléfono. Ira aceptó la responsabilidad del engaño, entró en terapia y siguió las recomendaciones del terapeuta. Fue completamente abierto y honesto con Sarah sobre sus acciones, y durante su proceso de curación fue consistentemente honesto y fiable.

Una mañana, Sarah expresó sus dudas sobre algunos largos periodos sin explicación porque en el pasado, cuando Ira desaparecía durante un tiempo era porque generalmente estaba inmerso en su adicción, Como resultado, Sarah expresó sus dudas e Ira aceptó mantener informada en todo momento a Sarah de donde se encontraba e instaló un software de seguimiento en su teléfono para ayudarla.

Otra mañana, poco después, Sarah se sintió de nuevo insegura sobre la relación y empezó a preocuparse de un nuevo engaño de Ira. Como resultado, miró el teléfono de su marido y no encontró nada de qué preocuparse. Cuando Ira entró en la habitación, Sarah confesó que estaba mirando su teléfono afirmando que necesitaba hacerlo para sentirse segura. La respuesta de Ira fue, "No pasa nada. Tienes acceso completo a todo. No necesitas pedirme permiso, y no tienes que sentirte mal o disculparte."

Sarah ahí noto una enorme diferencia en las respuestas de Ira hacia ella. En el pasado, habría mentido sobre dónde había estado en los momentos no controlados y se hubiera enfadado por el hecho de haber mirado su teléfono. La nueva actitud de Ira hacia el trauma de Sarah fue increíblemente tranquilizadora para ella. Este y otros acontecimientos similares crearon un cambio positivo en la relación para Sarah y un enorme paso hacia delante para Ira.

Responsabilidad

La responsabilidad no solo se centra en aceptar la responsabilidad del engaño, sino rectificar la situación y hacer las cosas bien. Las parejas engañadas necesitan comprobar que las parejas participantes se hacen cargo de los actos con una actitud genuina de culpa y remordimiento. Si las parejas engañadas no ven una culpa y arrepentimiento genuino, será muy difícil para ellas volver a abrir sus corazones y arriesgarse a ser de nuevo heridas.

La responsabilidad es la clave para desvelar la posibilidad del perdón y la curación de la relación. Si las parejas participantes no se responsabilizan, ambas parejas se quedarán atrapadas en un punto. La relación se convertirá en un terreno baldío repleto de resentimientos.

Si eres la pareja participante, tal vez pienses, "¿Por qué es todo culpa mía? Mi pareja también tiene su papel en la disfunción de nuestra relación."

Todo esto podría ser verdad, pero como ya hemos señalado repetidamente a lo largo del libro, curar la ofensa del engaño supera cualquiera de las infracciones que tu pareja engañada haya cometido. Curarse del engaño que tú has perpetrado tiene que ser lo primero.

Existen numerosas maneras con las que las parejas participantes pueden desarrollar la responsabilidad en su recuperación personal y dentro de la relación. Algunos de los métodos más comunes incluyen:

- Conseguir una persona de apoyo en los 12 pasos y estar en contacto con ella de manera habitual.
- Estar en contacto con una terapia de grupo y miembros del grupo de manera habitual.

- Instalar un software de filtros/vigilancia/seguimiento en todos los dispositivos digitales.
- Pasar todas las finanzas familiares a la pareja engañada (o al menos, proporcionar a la pareja engañada un acceso completo).
- Enmendar las mentiras o revelar los secretos (sobre cualquier cosa) en 24 horas.
- Ser rigurosamente honesto en la relación y en el resto de los aspectos de la vida.
- Estar donde dijiste que ibas a estar cuando dijiste que ibas a estar allí.
- Estar en contacto con tu pareja engañada a diario para asegurarte que él/ella sabe todo lo que está ocurriendo en tu vida

Participar de manera consistente en esta conducta centrada en la responsabilidad es el modo perfecto con el que las parejas participantes restaurarán la confianza en la relación y de manera lenta y estable disminuirán el impacto en los síntomas del trauma de la pareja engañada. Estas acciones, además, ayudarán a las parejas participantes a mantener el rumbo en su proceso de recuperación y cambio de conducta.

Empatía: El modelo de APOYO

En este punto del proceso de sanación, es vital que las parejas participantes muestren empatía por su pareja engañada. La empatía es la capacidad de sentir y compartir el dolor ajeno como si lo sintieras tú mismo.

Esto significa que cuando tu pareja engañada te muestra su dolor, en lugar de tratar de eludirlo, minimizarlo o intentar cambiar de conversación, debes entrar en el tema y compartir el dolor.

Para hacerlo, intenta entender exactamente lo que está sufriendo tu pareja. Esto significa escuchar y hacer preguntas de manera activa sobre los pensamientos y sentimientos de tu pareja. También debes dejar de pensar en lo que vas a decir a continuación y en cómo vas a intentar arreglar y mejorar las cosas.

Por supuesto, para las parejas participantes, la empatía no es fácil. Al fin y al cabo, la han estado evitando a lo largo de todo el engaño porque ¿quién quiere pensar en los sentimientos de la persona a la que estás traicionando, en medio de dicha traición? Las parejas participantes o bien se desconectan totalmente de esa parte o les falta práctica.

Es muy común para las parejas traicionada mostrarse irritadas y experimentar miedo y ansiedad, todo relacionado con la traición. Para reconocer todo ello, el siguiente modelo de APOYO está diseñado para ayudar a las parejas participantes a responder a las emociones y experiencias de la pareja engañada con empatía.

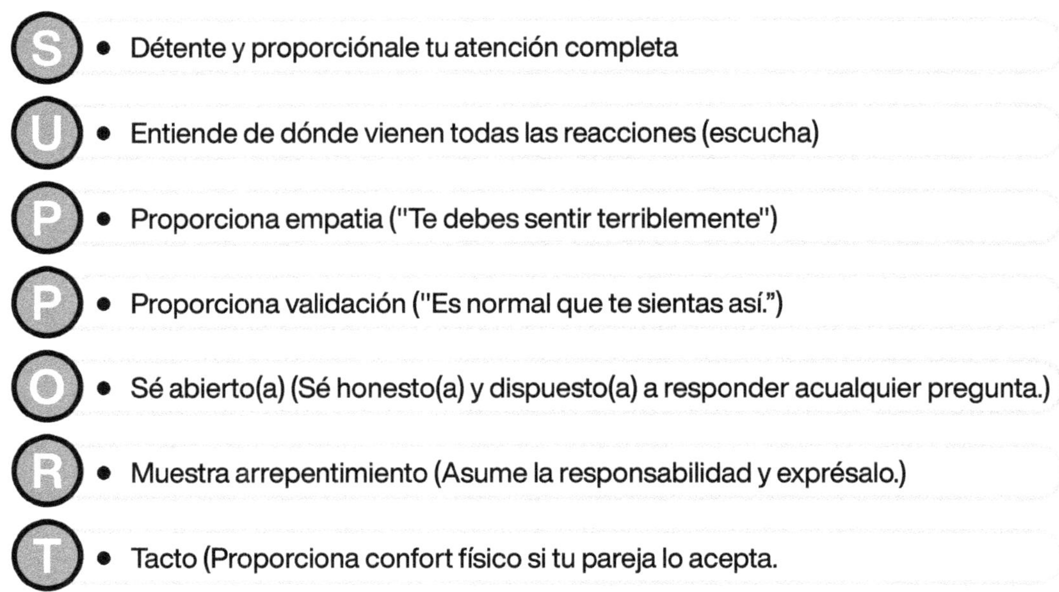

Cuando tu pareja engañada se irrita, el primer paso es simplemente DETENERTE y proporcionan a tu pareja toda tu atención. Esta acción os ayuda a los dos a sentir que su inquietud o desazón es de la máxima prioridad. No minimices, o corras por arreglar las cosas o cuidar de ti mismo(a).

El segundo paso en el modelo es ENTENDER lo que ocurre con tu pareja engañada escuchándola de verdad. Esto significa intentar entender cada aspecto de lo que le hace sentir mal, incluyendo todo aquello que llevó al engaño, qué es lo que piensa ahora mismo sobre ello, y cómo se siente.

Los dos primeros pasos del modelo deberían llevar algo de tiempo, especialmente, si estás escuchando de forma efectiva y activa. Como parte del proceso, tal vez quieras hacer algunas preguntas y reflexionar en lo que has estado escuchando, asegurándote de que entiendes a tu pareja engañada. A medida que lo hagas, sé consciente de que tu primer instinto será racionalizar, negar y cambiar las responsabilidades. No sucumbas a ese instinto. Caer en ello es, como mínimo, contraproducente.

Si eres capaz de hacer los dos primeros pasos de APOYO adecuadamente, el resultado de tu conversación probablemente sea moverse a una esfera más positiva, un lugar donde la empatía y la validación tendrán un significado y un impacto constructivo.

El tercer paso es PROPORCIONAR EMPATÍA. Estos son algunos ejemplos de afirmaciones empáticas:

- Siento y entiendo que estás dolido(a) y eso hace que me duela a mí también.
- Si me hubieras hecho lo que te he hecho yo a ti, sentiría exactamente lo mismo que tú sientes.
- Te he arrastrado a todo este problema y entiendo que tu confusión e ira sean culpa mía.

El cuarto paso es PROPORCIONAR VALIDACIÓN a lo que tu pareja piensa y siente. Ejemplos de afirmaciones de validación serían:

- Tienes todo el derecho del mundo a sentirte como te sientes.
- Cuando X, es totalmente lógico que te preocupes sobre un nuevo engaño.
- Las sospechas que tenías sobre mi engaño eran correctas, incluso aunque mentí y te dije que no. Así que entiendo por completo que sea muy difícil ahora confiar en mí.

El quinto paso es ABRIRSE a cualquier respuesta o preguntas que tu pareja engañada tenga sobre tus afirmaciones de validación y empatía. No juzgues las reacciones de tu pareja o intentes defenderte a ti mismo. Responde todas las preguntas de la manera más honesta que puedas.

El sexto paso es demostrar REMORDIMIENTO, asumiendo la responsabilidad de lo que has hecho. Como parte de esto, tu pareja engañada posiblemente necesite tener la seguridad de que estás comprometido con la relación, con tu recuperación y que ahora eres una persona cien por cien fiable. Tal vez tu pareja te pregunto dónde estás o los gastos que tienes. Tu pareja necesita escuchar tus afirmaciones varias veces para procesarlas y entenderlas. Si es así, ten paciencia, sigue con tu apertura y continúa proporcionando seguridad.

El paso final es proporcionar confort a través del TACTO, si tu pareja traicionada está abierta a ello. Un abrazo cuando tu pareja siente dolor puede hacer mucho.

Pero, sin embargo, si tu pareja no parece estar abierta al tacto físico, necesitas respetar sus límites.

A lo largo del proceso de APOYO, es crítico que las parejas participantes demuestren una actitud de responsabilidad y remordimiento (paso 6). Afirmaciones como, "Me rompe el corazón que mi conducta te esté causando tanto dolor", y, "Me arrepiento de que mi conducta te haya hecho tanto daño", son siempre útiles. Aunque parezca poco intuitivo estar disculpándose continuamente, tu pareja necesita escuchar lo mucho que lo sientes una y otra vez.

Nota: Se requiere que en el modelo de APOYO participen las dos partes. Parejas engañadas: deberíais exponer vuestro dolor y preocupaciones a la pareja participante, para que estos problemas se puedan hablar y tratar.

Caso: Devin y LaTonya

Devin es un hombre de 32 años, un adicto en recuperación de sexo y pornografía, casado con LaTonya, de 25 años, hace tres. Hace seis meses, LaTonya descubrió la vida sexual secreta de Devin porque le despidieron de su trabajo por ver pornografía y utilizar aplicaciones de citas sexuales en el trabajo y fuera del trabajo en los dispositivos propiedad de la compañía. Antes de despedirlo, Devin recibió una advertencia verbal por su conducta, y después otra por escrito en la que se indicaba claramente que sería despedido si continuaba comportándose de esa manera.

Cuando perdió su trabajo, Devin le explicó sin secretos su adicción a LaTonya, y ella aceptó estar con él si entraba en terapia y en un proceso de recuperación, que es lo que hizo. No ha tenido ningún desliz ni recaída desde ese momento, pero hasta que ambos pasaron por el proceso de divulgación terapéutica, mantuvo una serie de secretos sobre lo que había hecho, con quién y cuánto le habían costado esas conductas (esta no era la primera vez que le habían despedido por mala conducta sexual).

Ambos, Devin y LaTonya están aliviados de que todo haya salido ahora a la luz, y que Devin esté obteniendo la ayuda profesional de los 12 pasos que necesitaba desde hacía más de una década. LaTonya está además contenta porque sus sospechas sobre el comportamiento de Devin eran absolutamente correctas, incluso aunque él las negara vehementemente. Durante gran parte de su relación, ella sospechaba que Devin podría estar engañándola, pero como sus negaciones eran tan serias y consistentes, al final ella se empezó a preguntar si el problema era ella, no Devin.

LaTonya está viendo a un terapeuta individual, así como el terapeuta para parejas con Devin. Al principio se resistía a la idea de obtener ayuda, pero ahora, finalmente, tiene la voz de la calma y el sosiego en su vida (su terapeuta), y no puede imaginarse por qué no había buscado su ayuda antes. En este momento, gran parte de lo que LaTonya está trabajando tiene que ver con su continua, y a menudo injustificada, reactividad emocional con Devin. Sabe que Devin está trabajando activamente en su programa de recuperación. Conoce todo lo que ha ocurrido en su adicción, y que está intentando ser lo más rigurosamente honesto posible para lograr restaurar la confianza en la relación. Pero hay momentos en los que no es capaz de seguir el ritmo y el trauma de la traición sale a la luz de nuevo.

Un ejemplo reciente involucró el nuevo trabajo de Devin. El señaló que estaba encantado de haber encontrado un nuevo trabajo que le gustaba y que se ajustaba a sus conocimientos. También estaba entusiasmado de aportar al hogar un sueldo significativo. Pero para LaTonya, sin embargo, el nuevo trabajo solo le provocaba miedo e ira, mayormente porque Devin ahora tenía un nuevo conjunto de dispositivos digitales proporcionados por la empresa, y temía que los usara para lo de siempre. Habló con ello con su terapeuta individual y este le animó a que compartiera sus miedos con Devin.

Cuando LaTonya le contó a Devin sus temores, Devin admitió que al principio estaba enfadado porque LaTonya no compartía su felicidad sobre su nuevo trabajo. Para él, este trabajo era una señal de que la recuperación estaba funcionando y le estaba haciendo mucho bien en su vida, y le dolía que ella lo viera de manera diferente. No obstante, el no expresó su decepción con los sentimientos de LaTonya. En su lugar, implementó el modelo de apoyo que ambos habían estado utilizando en sus sesiones de terapia de pareja.

En lugar de expresar ira y decepción porque LaTonya no estaba contenta por la situación, él se detuvo a escuchar lo que ella tenía que decir. Cuando lo hizo, entendió rápida y fácilmente que el problema no era que hubiera encontrado un trabajo fantástico, sino que de repente tenía un nuevo smartphone y un portátil, y si, así lo decidía, podría utilizar esos dispositivos para actuar sexualmente tal y como lo había hecho en el pasado

Una vez que Devin entendió lo que desencadenaba el trauma de LaTonya, pudo proporcionarle la empatía y validación a sus sentimientos. Él comentó. “Siento que tengas esos sentimientos, pero lo entiendo completamente y las razones para ello. Si tu hubieras utilizado secretamente dispositivos digitales en tu trabajo para engañarme, y ahora hubieras conseguido un nuevo trabajo con medios digitales nuevos, me sentiría igual. Quiero que sepas que tienes todo el derecho del mundo a sentirte de esta manera. Es totalmente natural que te preocupe mi recaída."

Una vez que la naturaleza del problema se exteriorizó y Devin validó y mostró empatía con los sentimientos de LaTonya, pudieron tener una conversación productiva sobre cómo Devin podía crear salvaguardas para no utilizar el equipo de la compañía y volver a caer en su adicción. Para empezar, Devin sugirió instalar el mismo software de filtros/supervisión/ seguimiento en sus dispositivos digitales del trabajo que habían ya instalado en sus dispositivos personales. Con esto LaTonya se sintió inmediatamente más aliviada y con menos temor.

A medida que expresaban el problema del nuevo trabajo de Devin y los dispositivos digitales, decía repetidamente, "Me rompe el corazón que mis conductas hayan causado que te sientas así. Me siento fatal por el trauma que he causado, y siento profunda y verdaderamente el daño perpetrado en nuestra relación. Por favor, quiero que sepas que estoy haciendo todo lo que puedo para sanar mi adicción y volverme a ganar tu confianza."

Al final de la conversación, después de que el software de protección se instaló, Devin le pregunto a LaTonya si podía darle un abrazo por apoyarle y mostrarse su amor. Ella se lo pensó por un momento y después aceptó.

Devin y LaTonya hablaron de este incidente y su resolución en las siguientes sesiones de terapia, con ambos sintiendo como si hubieran dado un paso significativo en su proceso de curación. Para Devin, su compromiso para recuperarse y reconstruir su relación se reafirmó seriamente. Para LaTonya, su capacidad de confianza para creer en la recuperación de Devin y su honestidad continua se fortaleció notablemente.

Este punto de inflexión no quiere decir que LaTonya no volverá a tener una reacción emocional relacionada con el trauma adquirido en la relación. Tampoco significaba que Devin estará dispuesto a implementar con efectividad el modelo de APOYO cada vez que LaTonya lo pase mal. Lo más probable es que el progreso vaya dos pasos hacia delante, un paso hacia atrás. Con el tiempo, sin embargo, el modelo de APOYO, si seguían utilizándolo tanto dentro como fuera de la terapia, les ayudará a entender mejor y empatizar entre ellos, reconstruyendo, así la confianza en la relación con el fin de crear un nuevo sentido de conexión íntima y en la relación.

CAPÍTULO SEIS:

Reconstruir la confianza y la intimidad

Colocar tu relación primero

Durante esta próxima fase de curación, debes colocar tu relación en el primer lugar de tus prioridades y cumplir diez compromisos para reconstruir la confianza y la intimidad. Si notas que tu pareja lo olvida o no cumple con alguno de estos compromisos, puedes proporcionarle delicadamente un recordatorio. Si tu pareja te recuerda uno de estos compromisos, deberías respirar hondo y recordar que ahora mismo tu relación es la máxima prioridad. Así podrás redirigirte de nuevo a tus compromisos.

Como te podrás imaginar, el hecho de poner tu relación en el primer puesto de tus prioridades es algo más sencillo de decir que hacer. Si sois como la mayoría de las parejas, siempre hay mucho que hacer en tu vida. Uno o ambos probablemente está trabajando. Hay un hogar que mantener. Tal vez tengáis hijos o mascotas. Tenéis familia, hermanos, cuñados, amigos, vecinos y todo tipo de personas que os demandan tiempo y concentración. Todas estas cosas son importantes. Muy importantes.

Pero ¿son tan importantes como salvar tu relación?

- **Trabajo:** Si colocar tu relación por delante de tu trabajo te cuesta tu trabajo, deberías preguntarte si este es el tipo de trabajo que realmente deseas tener. ¿Vives para trabajar o trabajas para vivir? Colocar tu relación primero significa que tu vida es mucho más importante que tu trabajo. ¿Puedes llevar a cabo este compromiso?

Si pasas apuros con este pensamiento, piensa qué es lo que te dolería más si terminara: tu trabajo o tu relación. Después pregúntate a ti mismo(a) qué sería lo más duro de reemplazar.

- **Hogar:** ¿Es tu casa realmente un hogar si tu ser más querido ya no forma parte de él? Probablemente no. Por lo tanto, si la opción está entre la terapia de parejas o pasar el cortacésped, por supuesto, coloca tu relación en primer lugar.
- **Hijos y mascotas:** Tus hijos y tus mascotas son parte integral de tu relación. Mucho más que el resto. Dicho esto, parte de su cuidado es conservar tu conexión íntima con tu pareja. Imagina cuánto sufrirán tus hijos y tus mascotas si tu relación terminara. Si te tienes que perder el partido de fútbol o tu perro no tiene el paseo largo de costumbre porque tienes que dedicar un tiempo extra a sanar tu relación, no pasa nada. Una decepción pequeña de tus hijos o de tu mascota será definitivamente mucho menos dolorosa que un divorcio.
- **Familia y amigos:** Si tu familia y amigos te quieren verdaderamente y les importas, entenderán que necesitas concentrarte en curar la relación con tu esposo(a). De hecho, te apoyarán en esta misión. Estarán encantados de saber que habéis salido a cenar en pareja y que, por lo tanto, no podéis pasar la noche con ellos.

Así es, colocar tu relación por encima de todo lo demás requiere hacer sacrificios en otras áreas de tu vida. Pero si no colocas tu relación primero, acabarás haciendo grandes sacrificios. Sin tu relación, perderás mucho de lo que vales. Cuando reconoces este factor, es mucho más fácil aceptar las molestias e inconvenientes menores y centrarte en tu relación mucho más profundamente que en otras áreas de la vida.

Sugerimos que cuando ambos toméis una decisión consciente de colocar vuestra relación en primer lugar, deberíais sentaros uno frente al otro, miraros a los ojos, y expresar este compromiso en voz alta. Después podéis hablar sobre las áreas de vuestra vida que podrían verse afectadas por esta opción, y acordareis que, a pesar de estos problemas potenciales, estáis involucrados por entero en el proceso de curación y seguir adelante con ello es vuestra máxima prioridad.

Una vez que esta decisión se haya tomado, deberéis estar de acuerdo con los diez compromisos descritos más tarde en este capítulo.

Caso de estudio: Juan Carlos y Erica

Juan Carlos y Erica llevan casados diez años y tienen dos hijos de 8 y 5 años. Hace seis meses, Juan Carlos encontró aplicaciones de encuentros sexuales en el teléfono de Erica y se dio cuenta de que le estaba engañando. Después de varias semanas de descubrir más cosas escalonadamente y amenazar con llevarse a los niños y dejar la relación, Erica aceptó ir a ver a un terapeuta. Después de la evaluación, el terapeuta concluyó que Erica, que había tenido múltiples aventuras de una sola noche, había enviado mensajes de texto sexuales y utilizado pornografía de manera compulsiva, era una adicta al sexo. El terapeuta le recomendó visitar un terapeuta certificado especialista en adicción y comenzar su recuperación lo antes posible.

Finalmente, a instancias de su mejor amigo, Juan Carlos también participó en el proceso de curación, con un terapeuta individual y un grupo de apoyo semanal especializado en parejas engañadas. Desde ese momento, Erica realizó la divulgación terapéutica, completó la prueba del polígrafo, que permitió a Juan Carlos dar grandes pasos hacia delante en el proceso de curación.

Por su parte, Erica ha sido diligente con respecto a la terapia y la recuperación. Ha trabajado muy duro en ser honesta con Juan Carlos sobre todos los aspectos de su vida. Ha instalado un software de filtro y vigilancia en su teléfono y tablet y Juan Carlos recibe informes habitualmente que le indican si está online y qué está haciendo. No le ha vuelto a engañar desde que la descubrió, aunque si mantuvo una serie de secretos antes de la divulgación terapéutica.

Después de esta, Juan Carlos y Erica se sintieron aliviados de que todo hubiera salido a la luz, pero no estaban seguros de cómo continuar. Ambos querían saber: "¿Cómo volvemos a poner en orden nuestra relación? Estamos cansados de vivir en este estado de ansiedad y angustia constante, pero no sabemos cómo seguir adelante."

Los diez compromisos

La incertidumbre a la que se enfrentaban Juan Carlos y Erica era natural después de la divulgación. No puedes evitar preguntarte, *¿Y ahora qué? ¿Podremos empezar a vivir una vida normal donde no estemos siempre estresados? Y ¿qué tenemos que hacer para llegar a ese punto?*

Contestar estos interrogantes es de lo que trata este libro.

No obstante, antes de comenzar es importante saber que durante esta fase habrá momentos en los que el dolor de la traición original resurgirá. Cuando esto ocurra, las parejas participantes deben continuar respondiendo con empatía, compasión, apertura y sensibilidad, utilizando el modelo de APOYO. Al mismo tiempo, las parejas engañadas necesitan recordar que el engaño no está ocurriendo de nuevo. Tal vez se sientan de este manera, pero es, simplemente, una reacción postraumática que es perfectamente normal y que pasará.

Ahora es el momento en el que tu pareja y tú llevéis a cabo estos diez compromisos.

Compromiso N.º 1: Centrarse en el perdón

Durante esta fase de curación, ambos necesitáis mantener una mente abierta sobre el perdón y tener paciencia. El perdón es una proposición a largo plazo, no es algo que ocurra inmediatamente.

Antes de que ocurra el perdón, las parejas engañadas deben creer que la curación y el seguir adelante es posible. Esto no significa que deben olvidar lo que ha ocurrido. Significa que deben creer que es posible liberar sus resentimientos sobre lo que ha ocurrido. Significa que deben creer que las personas cometen errores, que se aprende de ellos y que las personas cambian y crecen a base de equivocaciones.

Al mismo tiempo, las parejas participantes deben asumir la responsabilidad por sus transgresiones y cambiar su conducta en adelante. Deben ser abiertos y responsables en todos los aspectos de la vida. Y, lo más importante, deben mostrar sensibilidad hacia su pareja engañada y el trauma surgido demostrando arrepentimiento sobre el pasado mientras que muestran una conducta en el presente que coloca su relación en primer lugar.

Estas actitudes por parte de ambos ayudan a que se disipen los sentimientos de ira y resentimiento. No rápidamente, desde luego, pero al final ocurrirá. Debéis tener paciencia. Las parejas engañadas deben estar dispuestas a perdonar definitivamente y las participantes deben centrarse en su trabajo de recuperación y en mostrar sensibilidad ante el dolor de su pareja. Tal vez tengan que disculparse repetidamente y demostrar arrepentimiento durante muchos meses antes de que empiece a ocurrir el perdón. E incluso así, el progreso será lento y gradual.

Para las parejas engañadas, trabajar activamente en los sentimientos de ira y resentimiento es algo increíblemente importante. Tendrás que continuar examinando estos sentimientos en una terapia individual, y en la de parejas en la que ambos podéis hacerlo de un modo imparcial y productivo.

Para tal fin, como persona engañada necesitas expresar tu dolor a tu pareja cuando surja, para que no se acumule y crezca. Mantener este resentimiento es una receta para causar problemas de salud, depresión y ansiedad. Es además un gran obstáculo para reconstruir la confianza y curar tu conexión íntima.

Parejas participantes: además de recibir el perdón por parte de tu pareja, tal vez necesitéis perdonaros a vosotros mismos(as). De hecho, con frecuencia descubriréis que os lleva más tiempo perdonaros a vosotros mismos(as) que ganaros el perdón de tu pareja engañada.

Como pareja participante, podrías arrastrar culpa y vergüenza que limita con el debilitamiento. Esta culpa y vergüenza podría provocar que creas que no te mereces el perdón o el amor. Si es así, necesitas tener presente que todos los humanos comenten equivocaciones y se arrepienten. Y cometer un error no significa que tú seas un error. Es correcto perdonarte por lo que hiciste. Es más, hacer las cosas bien para ayudar a tu pareja a sanar y curar tu relación también os ayudará a ambos. Cuando las cosas se ponen difíciles y te torturas a ti mismo(a), simplemente haz el siguiente acto correcto para seguir adelante. Al hacerlo os ayudaréis mutuamente en el proceso del perdón.

Compromiso N.º 2: Reconstruir la confianza

El único modo de reconstruir la confianza que se ha destruido en la traición de la relación es demostrar, con el tiempo, una conducta fiable. Entender este hecho es especialmente importante para las parejas participantes. Por la decepción que has causado mientras engañabas, tu pareja ahora sospecha y siente ansiedad con tus palabras, acciones y salidas. Para remediarlo, necesitas decir la verdad, necesitas estar donde dices que estarás. Tus acciones deben coincidir exactamente con tus palabras. No hay sitio ni siquiera para falsedades o mentiras sin importancia.

En el libro *Los cuatro acuerdos*, Don Miguel Ruiz señala que, para desarrollar la integridad y la confianza, debes ser "impecable con tu palabra". No hay nada en lo que se pueda aplicar mejor que con parejas en curación por la infidelidad. Si llegas cinco minutos tarde, llama a tu pareja para que él/ella sepa dónde estás y porqué llegas tarde. Esto ayudará a reconstruir la confianza, y evitará que tu pareja engañada empiece a sospechar sobre lo que podrías estar haciendo. Si te olvidaste de sacar la basura anoche como te pidió tu pareja, admítelo. No salgas a hurtadillas por la mañana, y pretendas que lo habías hecho la noche anterior.

Como pareja participante, debes ser honesto(a) de esta manera en *todos* los aspectos de la vida. Cuando tu pareja engañada vea que eres honesto(a) con todo el mundo, siempre, sin importar por qué, será mucho más fácil aceptar la idea de que también estás siendo honesto(a) con él/ella.

Las parejas engañadas también tienen su papel a la hora de reconstruir la confianza. Lo primero y principal, es la necesidad de hablar sobre cómo te sientes y piensas. Si te preocupa lo que hace tu pareja en su pausa de la comida en el trabajo, pídele que te llame durante la comida, posiblemente con una foto mostrando dónde se encuentra y con quién. También debes estar dispuesta(o) a aceptar la posibilidad de que tu pareja, independientemente de lo mucho que te haya mentido en el pasado, ahora está diciéndote la verdad sobre todas sus conductas, y que lo está haciendo sin investigarle ni apremiarle.

Por supuesto, como pareja engañada, es muy probable que pases apuros a la hora de aceptar que tu pareja realmente está haciendo lo necesario para reconstruir la confianza. Al fin y al cabo, tu pareja ha mantenido tantos secretos, ha dicho tantas mentiras, y cargado la culpa de la infidelidad a los demás (incluido(a) tú) tantas veces, que es casi imposible creer que vaya a ocurrir este cambio, incluso después de la divulgación terapéutica. Y con respecto al perdón, necesitarás abrir tu mente a la posibilidad de que tu pareja esté siendo ahora rigurosamente honesto(a) porque realmente desea volver a ganarse tu confianza.

Compromiso N.º 3: Reconstruir vuestra amistad

El experto en relaciones, John Gottman, demuestra en sus estudios que se requieren cinco interacciones positivas en tu relación para contrarrestar una negativa.[2]

Esta proporción de cinco positivas por cada una negativa es la norma general para que una relación permanezca satisfactoria y comprometida. Lamentablemente, el engaño sexual es un aspecto enormemente negativo y destructivo en tu relación. La mayoría de las parejas encuentran que la traición sexual con una ratio de 5:1 esta infravalorada y es necesario mucho más que cinco acciones positivas.

Cualquiera que sea la proporción, tu relación necesita el poder de la curación proporcionado a través de la diversión y el disfrute juntos. La mayoría de lo que habéis hecho por el momento en el proceso de curación ha sido, o bien, doloroso o un trabajo duro (o ambos). Ahora es el momento de disfrutar un poco, y realizar actividades no estresantes y que contribuyan a la reconstrucción de la relación. Para muchas parejas esto se podría parecer mucho a una cita.

Piensa de nuevo en el comienzo de tu relación. ¿Qué os atrajo inicialmente el uno al otro? ¿Qué actividades disfrutabais juntos? También podéis pensar en actividades de las que disfrutabais antes de empezar a vivir juntos. ¿Qué hobbies mutuos teníais? ¿Qué actividades disfrutabais? ¿De qué manera has disfrutado apoyando a tu ser más querido?

¿De qué habéis hablado en numerosas ocasiones sobre hacer juntos, pero nunca lo habéis probado? ¿Esos sueños que ambos tenéis no se han llevado a cabo por alguna razón? Si es así, ¿no sería posible retomar ahora esos sueños?

En el espacio a continuación, juntos, cread una lista de cosas con las que habéis disfrutado juntos en el pasado y que pensáis que disfrutaríais de nuevo, con otras que os gustaría hacer en el futuro. Aquí no hay respuestas erróneas o correctas. Simplemente haced una lista exhaustiva de todas las posibles actividades divertidas que podéis hacer o que os gustaría hacer juntos.

Actividades

....

....

....

....

Después de completar la lista, determinad y programad al menos una noche para salir durante la semana. Vuestra cita(s) nocturna(s) debe ser la misma noche cada semana si es posible. Considerad esa cita como algo fijo y no programéis bajo ninguna razón nada más (recuerda tu acuerdo de poner tu relación en primer lugar, pase lo que pase). Si una emergencia o algún acontecimiento absolutamente inevitable ocurre esa noche, volved a programar la cita para otra noche.

Tened en cuenta que las noches de citas no son para trabajar sobre vuestros problemas. Salir por la noche es para divertirse. No necesitáis recrear citas del pasado, pero tampoco necesitáis actuar como si estuvierais en el proceso de conoceros, cuando vuestro tiempo juntos se basaba en divertiros y revelar la personalidad de ambos. Por favor, intentad con todas vuestras fuerzas mantener la diversión y la despreocupación en estas salidas. Este no es el momento de hacer trabajos de sanación dolorosos. Mantened vuestras conversaciones centradas en pensamientos y sentimientos positivos y en lo que estéis disfrutando en ese momento.

Al mismo tiempo, deberíais estar sintonizados(as) con vuestra pareja. ¿En qué está pensando tu pareja? ¿Cómo se siente? Haz que tu objetivo sea ayudar a tu pareja a divertirse lo máximo posible durante esa noche. No necesitas presionarte a ti mismo(a) demasiado para lograr el objetivo; simplemente tenlo presente mientras interactúas con él/ella. Ante todo, intenta olvidar (temporalmente, al menos) el engaño y céntrate en su lugar en ser amigos y disfrutar de la compañía mutua.

Nuestra cita fija nocturna es el: ____.

Compromiso N.º 4: Actos de amor y bondad

Realizar actos de amor y bondad sin esperar nada a cambio, *simplemente ser amable porque sí,* es una parte importante de las relaciones románticas. Y en este caso, es importante para la pareja. Ambos están, o eso esperamos, preparados para *dar y recibir* unos pocos actos de amor y bondad.

Estos actos pueden ser cosas obvias como un masaje de pies, tarjetas, flores, caramelos, un mensaje agradable, arreglar algo en casa sin que te lo pidan, etc. Pero también pueden ser cosas menos obvias, como reconocer los esfuerzos de tu pareja para sanar la relación, expresar gratitud por estar todavía juntos, y comprar (o hacer) un regalo que tenga un especial significado para tu pareja, un regalo basado en algo único que solo tú sabes sobre él/ella.

A medida que tu pareja y tú empecéis a introducir actos de amor y bondad en vuestra relación, podría parecer extraño. Es habitual preguntarse, especialmente si eres la pareja participante, cómo será recibido tu gesto. Y es normal. Incluso podría llegar a ser un poco romántico. Piensa en las primeras veces que empezasteis a salir y la primera vez que intentaste mostrar tu amor y lo mucho que te importaba tu futura pareja. ¿Cómo te sentiste? Probablemente fue emocionante y aterrador al mismo tiempo. ¿Por qué no podrías sentir lo mismo de nuevo?

Si eres la pareja engañada, tal vez sientas, cuando tu pareja intente reintroducir actos de amor y bondad en la relación, que él/ella está intentando manipularte. Si es así, da un paso atrás y recuerda el acuerdo de colocar tu relación en primer lugar y estar dispuesto(a) a la idea de que tu pareja podría estar haciéndolo por amor, no por intentar controlar tus sentimientos.

Abre tu mente a la confianza y la amistad, y haz lo posible por aceptarlo como un acto genuino sin ataduras.

Del mismo modo, tanto si eres la pareja participante como si eres la engañada, debes revisar los motivos de cada acto de amor y bondad que proporciones. Asegúrate de estar comprometido con este acto simplemente porque amas a tu pareja y quieres hacer algo agradable. Si lo haces con segundas intenciones (incluso aunque sea algo noble como desear que tu pareja sea feliz), debes eliminarlo. La única expectación que debes unir a tu oferta es que tú te sientas bien por el hecho de dar. La respuesta de tu pareja no está bajo tu control, así que ni lo intentes.

Compromiso N.º 5: Presentar un frente unido

Las parejas que desean continuar juntas dan por sabido este hecho al trabajar juntos en sus problemas y presentar un frente unido frente a sus hijos, familia cercana y lejana y amigos. Cuando hablan a sus hijos sobre lo que ocurre, primero acuerdan qué se va a contar y después, juntos se sientan con los niños y les cuentan, siempre adhiriéndose al guion acordado. También deben aclarar que independientemente de lo que ocurra, los dos se aman y se comprometen a estar juntos y reparar la relación.

Otro modo de presentar un frente unido es, pedir a la familia y amigos que conocen el engaño, ayuda con vuestro compromiso de recuperación y sanación de la relación. Las parejas participantes pueden pedir a sus amigos que les ayuden con la honestidad, llamándoles si/cuando comentan algo que la otra persona duda. Aprender a ser honesto(a) lleva tiempo, esfuerzo y práctica y, tener un supervisor o dos puede ser extremadamente útil. Por otro lado, las parejas engañadas pueden pedir a los amigos, especialmente a aquellos(as) que sobrevivieron una infidelidad, que estén atentos(as) a la realidad emocional.

Juan Carlos, por ejemplo, después de que Erica le pintará y enmarcara una pintura sobre su increíble alma y corazón (un acto de amor y bondad), creyó inicialmente que Erica lo hizo solo para congraciarse con él. Lo compartió con su mejor amigo y obtuvo una respuesta inesperada: "¿Crees realmente que Erica crearía algo tan bonito tan solo para manipularte? Yo no lo creo. Tal vez lo ha hecho porque quiere que sepas lo mucho que te quiere." Después de eso, Juan Carlos y Erica repasaron el esfuerzo que ella estaba haciendo consistentemente para arreglar la relación.

Con esa realidad claramente expuesta, Juan Carlos fue capaz repentinamente de sentir el amor expresado en la pintura. Esa noche, cuando Erica llegó del trabajo, se encontró a Juan Carlos frente a la pintura admirándola. "Es preciosa", dijo. "Gracias.".

Después se dieron un abrazo, un abrazo genuino y significativo: Un "te quiero". Unos días después, en su terapia de pareja, el terapeuta les preguntó qué había ocurrido después del abrazo. Sonrieron y dijeron que no había ocurrido nada; el abrazo era suficiente de momento para ambos. Entonces Juan Carlos dijo: "Ha sido la primera vez que me he sentido verdaderamente conectado con Erica desde el engaño. Finalmente creo que sí, que nos estamos curando. Fue real. Parece como si todo el dolor fuera a merecer la pena."

Compromiso N.º 6: Gestión efectiva de la ira

Todas las parejas tienen desacuerdos. Y eso, en realidad, es bueno. Cuando no estás de acuerdo con tu pareja aprendes cosas sobre tu pareja y viceversa. Y ese conocimiento puede acercaros más en lugar de separaros, pero solo si aprendes a comunicar tus desacuerdos de manera productiva y respetuosa. Generalmente, todo esto conlleva:

- Reconocer que sois aliados, no enemigos. Con este concepto podéis luchar *contra el problema* en lugar de entre vosotros. Ganar no significa conseguir hacer las cosas a tu manera. Significa resolver el desacuerdo (incluso si solo lo puedes resolver con estar simplemente de acuerdo en respetar la opinión de ambos).
- Identificar el foco específico del desacuerdo actual y centrarse en ese desacuerdo en lugar de sacar a la luz otros problemas y resentimientos.
- Poner un límite de tiempo en las discusiones, como por ejemplo 30 minutos. Cuando haya terminado el tiempo, si no se ha llegado a un acuerdo, podéis aceptar la continuación de la discusión otros 30 minutos o dejarlo ahí y esperar a hablarlo más extensamente en la terapia de parejas.
- Estar de acuerdo en no discutir antes del trabajo, antes de ir a la cama, frente a los niños, en el coche, mientras bebéis o en lugares públicos. Discutir en el momento equivocado del día (cuando, por ejemplo, estáis estresados o cansados), en el lugar erróneo y con una mentalidad equivocada, o incluso frente a otros, tiende a exacerbar el conflicto en lugar de resolverlo.

- Acordar frenarse a la hora de realizar un abuso emocional en todas sus formas.
- Acordar frenarse a la hora de pegar, tirar cosas, dar portazos y otras formas de amenazas y violencia.
- Acordar la búsqueda de ayuda (probablemente en terapia de parejas) si realmente no sois capaces de resolver vuestro desacuerdo.

Compromiso N.º 7: Reconstruir la intimidad emocional

Las buenas relaciones se construyen sobre la intimidad emocional, no sobre la sexual. De hecho, un buen sexo también se crea sobre la intimidad emocional. Si sientes una conexión profunda con tu pareja, tendrás una relación más sólida, una vida sexual mejor y una verdadera amistad. Pero después de un engaño o traición, la intimidad emocional será más tensa y disminuirá. Esta pérdida no se repara simplemente porque el engaño haya finalizado y la pareja entre en un proceso de recuperación.

Para restaurar (o tal vez crear por primera vez) un sentido de intimidad emocional en tu relación, sugerimos que te permitas un poco de tiempo cada día, generalmente, aunque tampoco es necesario, al final del día, para saber cómo os encontrais los dos. En este momento ya programado, tu pareja y tú deberíais sentaros en un lugar tranquilo donde no os molesten. Allí podéis compartir vuestros pensamientos y sentimientos. Mark and Deborah Laaser crearon un patrón denominado FANOS (por sus siglas en inglés) que ha sido muy útil a las parejas.[3] FANOS es un acrónimo que las parejas pueden utilizar para compartir lo que ocurre en sus vidas a diario.

FANOS*

Un patrón diario para parejas cuyo nombre procede de la palabra griega 'phainos' que significa "sacar a la luz"

por Mark Laaser, M.Div, PhD y
Debbie Laaser, MA, LMFT

Feelings (Sentimientos) - habla de tus sentimientos (¡no de tus pensamientos!).

Affirmation (Afirmación) - proporciona a tu esposo(a) una afirmación o da las gracias por algo.

Needs (Necesidades) - pide algo que necesites hoy, no necesariamente de tu esposo(a) (¡sé específico(a)!).

Own (Propio) - algo que hayas hecho o dicho y de lo que asumes la responsabilidad/pedir disculpas.

Sobriety (Sobriedad) - indica tu estado de sobriedad.

Procedente de *Promesas rotas*, pág 184-185 por Debbie Laaser, MA, LMFT Copyright © Faithful & True 2007

*Se han mantenido los términos en inglés debido al acrónimo que forman con su interpretación en español.

Ambas partes de la pareja deben acostumbrarse a utilizar esta fórmula como un modo de saber qué está sintiendo y pensando el otro. Haced turnos para ver quién empieza primero, y aceptar que esto no tiene por qué ser una larga conversación. Es simplemente un momento breve, y a la vez honesto y vulnerable de saber cómo os ha ido y que os ayudará a estar conectados, ser honestos y desarrollar la intimidad.

Compromiso N.º 8: Terapia de pareja

A veces, las parejas creen que después de la divulgación terapéutica, siempre que la pareja participante sea fiel y trabaje en su programa de recuperación, todo debería ir bien. Pero no es así como funciona.

Ambos, en ese momento, se encuentran emocionalmente vulnerables, e incluso las cosas más mínimas (incluso aunque no estén relacionadas con el engaño) pueden convertirse de algún modo en grandes cosas. Cuando esto ocurre, pueden abrir una brecha entre las pareja que amenaza su compromiso de salvar la relación.

Erica y Juan Carlos experimentaron todo esto de muchas maneras, y se encontraron discutiendo y gritándose incluso aunque ambos estuvieran haciendo muchas cosas bien en el proceso de sanación. Uno de los mayores problemas era que Erica sentía que Juan Carlos no hacía su parte equivalente del trabajo en casa y en el cuidado de los niños. En la terapia, Juan Carlos indicó que eso no era cierto, que ayudaba entrenando a los dos equipos deportivos de sus hijos, mantenía el jardín cuidado y cuidaba a los niños cuando Erica estaba en su terapia y en su grupo de apoyo semanal.

Ambos, Erica y Juan Carlos admitieron en la terapia que la "división de tareas" había sido un problema a lo largo de su matrimonio, mucho antes del engaño de Erica. Ninguno pensaba que esto fuera un factor decisivo para su relación, pero si creían que era un problema que les frenaba en algunos momentos de su proceso de curación.

Después de un debate guiado en la terapia, parecía que ninguno de los dos tenía ningún problema a la hora de hacer sus tareas. De hecho, los dos disfrutaban mucho de lo que hacían en casa y con sus hijos. Había algunas tareas, sin embargo, que ambos menospreciaban, y esa era la piedra angular del problema. Finalmente hicieron una lista de esas tareas y las dividieron, acordando alternarse o compartir aquellas que realmente detestaban. Con una de las tareas, acordaron que en lugar de hacerla ellos, deberían contratar a un profesional.

Después de este trabajo en terapia, todavía tenían algunas discusiones sobre las tareas domésticas, pero en su mayoría estaban contentos de realizar las obligaciones a las que se habían comprometido.

Compromiso N.º 9: Compartir paz y espiritualidad

Según vuestros sistemas individuales de creencias y como pareja, tal vez podría ser útil incluir activamente lo sagrado a vuestras vidas y participar en este trabajo juntos.

Si uno de vosotros o ambos no sois espirituales o religiosos, podríais entonces pasar más tiempo en la naturaleza, haciendo senderismo, disfrutando de la playa, navegando, acampando, o en el jardín, o en otro tipo de cosas que se os ocurran. Incluso algo tan simple como sentarse en el jardín y asar malvaviscos al fuego puede proporcionar un sentido de serenidad y conexión con la naturaleza.

Si sois una pareja con fe, rezad juntos, estudiad las escrituras junto, id a la iglesia, sinagoga o mezquita juntos porque todo esto puede ayudaros a sentir una mayor conexión como pareja, con vuestro Poder Superior y con vuestra comunidad espiritual.

Si sois espirituales, pero no religiosos, podéis meditar juntos, hablar sobre vuestra conexión espiritual y crear rituales espirituales que sean significativos tanto individualmente como juntos. También podéis practicar yoga, thai chi y otras formas de actividad y conexión espiritual. Incluso hacer ejercicio juntos puede ser una forma de conexión espiritual mutua.

En el espacio a continuación, cada uno debe identificar tres cosas espirituales o religiosas que él/ella haría individualmente.

Pareja engañada

1 ____
2 ____
3 ____

Pareja participante

1 ____
2 ____
3 ____

Ahora, juntos, identificad tres (o más) aspectos religiosos o espirituales que haríais juntos como pareja.

1 ____
2 ____
3 ____

Compromiso N.º 10: Paciencia

Es importante entender que vuestra relación no se va a restaurar de la noche a la mañana. No vas a terminar el proceso de divulgación terapéutica y repentinamente disfrutar de cada momento mutuo. Trasladar tu relación desde un lugar de estrés y dolor a otro de confianza y diversión no es algo que ocurra automática o inmediatamente. Conlleva mucho esfuerzo. Conlleva mucho tiempo. Y hay muchos retrocesos al estrés y al dolor durante el trayecto.

Necesitas tener paciencia. Si eres, y si ambos hacéis las cosas que él/ella necesita para curarse del engaño, reconstruir la confianza en la relación y renovar vuestra amistad y disfrute juntos, te levantarás una mañana, te fijarás en tu pareja y pensarás: "Vaya, esto es genial. No tenía ni idea de que nos podía ir tan bien. Incluso antes del engaño no había sido así de fantástico. No estábamos tan conectados, ni tan enamorados. No éramos así de felices".

Pero es muy probable que esto no ocurra ni hoy ni mañana. Para muchas parejas, curarse de un engaño puede ser un proceso que dure tres, cuatro o incluso cinco años. La buena noticia es que cuando eso ocurra, todo el dolor que has sufrido hoy y el duro trabajo que estás realizando merecerán la pena definitivamente.

Dar y recibir recordatorios amables (cuando sea necesario)

Colocar tu relación en primer lugar pase lo que pase y seguir los diez compromisos descritos en este capítulo no es un proceso fácil, y ni tu pareja ni tú lo haréis de manera perfecta. Habrá días donde sientes que estás retrocediendo en lugar de seguir adelante. Habrá días en los que simplemente no querrás hacer las cosas a las que te has comprometido. Tu pareja, experimentará a veces los mismos sentimientos.

Todo eso es normal. No te preocupes. Pero ninguno de los dos debéis ceder a esos sentimientos. Debéis permanecer fuertes, recordando que la cosa más importante de tu vida es tu relación. Esto significa que en tus momentos de debilidad debes expresarte y contarle a tu pareja lo que piensas y sientes (tal vez en tu momento de reflexión juntos). Debes permitir que tu pareja te proporcione fuerza en estos momentos. Cuando sea a la inversa, debes devolver el favor, proporcionando amor, empatía y ánimo.

Si no estás de humor en un día en particular y no eres honesto(a) sobre el hecho, no debe sorprenderte si tu pareja te llama la atención sobre ello. No dudes en hacer lo mismo cuando la situación sea a la inversa, pero de manera amable. Este no es un referéndum sobre tu carácter. Es simplemente un recordatorio de vuestra prioridad más importante, es decir, reconstruir vuestra relación y los compromisos que habéis aceptado para que ocurra.

Erica y Juan Carlos experimentaron este tipo de problema al planear ir a la iglesia un domingo por la mañana. Erica y los niños estaban vestidos y listos para marcharse, pero Juan Carlos estaba sin vestir y sentado en el sofá viendo la TV. Lo que Erica quería decirle era: "Oye, vístete y vámonos si no queremos llegar tarde a la iglesia. Ya sabes lo poco que me gusta entrar cuando es tarde."

Erica sabía debido a su trabajo en la terapia individual y en la de pareja, que un recordatorio amable sobre su compromiso de asistir a la iglesia cada domingo era una idea más adecuada. Así que, en lugar de gritar a Juan Carlos, le dijo: "Cariño, ya veo que no te apetece ir hoy a la iglesia. A veces a mí me ocurre lo mismo, Pero este es uno de nuestros compromisos para reconstruir nuestra relación, y para mí es importante que mantengamos dichos compromisos. Así que, por favor ven con nosotros esta semana, incluso aunque te apetezca más quedarte en casa."

Para sorpresa de Erica, Juan Carlos sonrió y dijo: "Por supuesto". Después se vistió rápidamente y fue a la iglesia con su familia sin quejarse en absoluto. Posteriormente llevaron a los niños al parque y jugaron durante toda la tarde. Lo que podría haber sido una pelea enorme y un retroceso en la reconstrucción de la relación acabó siendo el comiendo de un fantástico día juntos porque se gestionó de manera amable y con empatía.

CAPÍTULO SIETE:

Curar tu relación sexual

Después de un engaño sexual doloroso, muchas personas se preguntan a menudo con temor y desesperación, si serán alguna vez capaces de disfrutar del sexo de nuevo con su pareja.

Sin ninguna duda, la sexualidad es el área más tierna y personal de nuestras vidas, y requiere una vulnerabilidad tremenda. Con frecuencia, después de la infidelidad, las parejas engañadas creen que nunca se sentirán seguras en su relación, y debido a ello nunca serán capaces de estar lo suficientemente vulnerables y relajadas para disfrutar otra vez del sexo. Es habitual en ambas partes preocuparse por el sexo y de que este no vuelva a ser "ardiente" o erótico hasta que no se sientan seguros y cómodos.

Es importante tener en cuenta que puedes tener la vida sexual que jamás habías experimentado a pesar del impacto producido en la relación por el engaño, siempre que estés dispuesto(a) a poner esfuerzo y trabajo. Dicho esto, una vida sexual restaurada (y mejorada) con tu pareja no llegará fácil ni rápidamente. Deberás tener paciencia y ser muy delicado(a) a medida que te aventures en este espacio sagrado.

La sexualidad prospera en entornos donde la confianza, vulnerabilidad e intimidad están presentes y estas son exactamente las partes de tu relación que se han dañado con la infidelidad. Por eso es tan crítico que realices el trabajo emocional de curar primero tu relación, antes de intentar restaurar tu vida sexual.

Los secretos, resentimientos y miedos sin resolver pueden paralizar a la pareja que está intentando reconectar sexualmente.

Si tu conexión emocional no se encuentra en buen lugar, será mejor que tu pareja y tú lo habléis abiertamente, compartiendo qué es lo que te molesta, tus miedos, necesidades y deseos. Esta es la primera parte (y, definitivamente la más importante) de tu compromiso de recuperación y curación. La honestidad brutal sobre lo que te ocurre emocionalmente es la base de una verdadera intimidad.

Si la intimidad emocional verdadera no se ha restaurado todavía (o no se ha restaurado correctamente), es probable que tengas que posponer el intento de reavivar tu vida sexual. En lugar de perseguir activamente una conexión sexual, espera mientras continúas trabajando en la conexión emocional, la confianza y la intimidad a través de las conversaciones diarias sobre vosotros, el trabajo de recuperación continuado, las noches de citas y similares, para, al mismo tiempo saber que finalmente el momento llegará cuando tu pareja y tú estéis preparados para dar el paso siguiente.

Cuando y solo cuando ambos sintáis una intimidad emocional y conexión, y sintáis también que estáis preparados para renovar vuestra relación sexual, lo lograréis y será fantástico. Seguid las pautas descritas en este capítulo para ayudar a eliminar los errores más comunes.

Evaluar las heridas sexuales en la relación

El primer paso verdadero hacia la reconexión sexual es evaluar las heridas sexuales causadas por la infidelidad. Necesitáis entender que las heridas sexuales tendrán un aspecto diferente para cada pareja engañada, cada pareja participante y para cada relación, por lo que no hay un enfoque uniforme con el que identificar el daño causado. Las heridas sexuales son únicas para cada persona y pareja.

Vamos a considerar los siguientes ejemplos.

- Mario y Bruni llevaban casados ocho años y fue en ese momento cuando Bruni descubrió que Mario había tenido una aventura. Bruni encontró fotos y textos de la pareja sexual de Mario en su teléfono. La otra mujer era físicamente opuesta a Bruni. Bruni era pequeñita y con pechos pequeños; la otra mujer era voluptuosa y con grandes pechos.
- Bruni además, encontró pornografía en el portátil de Mario y notó que la temática era similar. Todas las búsquedas eran de mujeres con pechos

grandes. Esto provocó que Bruni se preguntara si acaso Mario estaba atraído por su cuerpo pequeño, y si realmente quería estar con ella.

- Cuando Brent descubrió la infidelidad de su prometida Andrea que incluía múltiples parejas sexuales que él conocía personalmente, incluso varios de sus amigos, se quedó totalmente devastado. Estos hombres sabían que estaba comprometido con Andrea y que la amaba profundamente, por lo que se preguntaba, *¿Qué pensarán sobre mí? Se deben estar riendo de mí y pensarán que soy un perdedor.* También le molestaba pensar en la falta de respeto que Andrea debía sentir hacia él para ser capaz de estar con otros hombres. La falta de respeto percibida hirió su orgullo y sentía que el engaño había robado una parte de su masculinidad.
- Stephen y Rick llevaban casados cinco años cuando Stephen supo que Rick había tenido encuentros sexuales casuales a sus espaldas. En un momento de honestidad, Rick le desveló todo a Stephen y le confesó que había tenido sexo con hombres en el gimnasio y a través de aplicaciones de encuentros sexuales. Le explicó que generalmente tenía sexo oral con esos hombres. Stephen estaba dolido y muy confuso. El creía que precisamente el sexo oral con Rick era una parte especial en su forma de hacer el amor. Ahora cuando imaginaba el acto de nuevo, en lo único que podía pensar era en los otros hombres. Stephen sentía que Rick le había robado algo que para ellos era muy íntimo y lo había malgastado con extraños.
- El marido de Lacey, Greg, se puso en tratamiento después de que ella descubriera su extenso uso de prostitutas, clubes de striptease y pornografía. Incluso aunque ella se encontraba con un dolor emocional severo por el engaño, quería intentar ser comprensiva. Ella tenía un historial de adicciones en su familia y creía en el proceso de recuperación. Después de 90 días de tratamiento, el terapeuta de Greg le aconsejó que podía comenzar a vivir una sexualidad sana en su plan de salud sexual. Lacey, no obstante, tenía mucho miedo. No estaba lista para dar el paso siguiente. El pensamiento de estar con Greg le hacía sentirse sucia y usada. Aunque le amaba, el dolor por su engaño había provocado que la idea de un acercamiento sexual se convirtiera en algo repugnante. Al mismo tiempo, le preocupaba que, si no tenía sexo con él, volvería a engañarla. Los sentimientos de miedo y obligación se mezclaban con los repulsivos. Lacey estaba confusa e insegura sobre qué hacer.
- Tonya llevaba 16 años casada con Duane cuando descubrió su adicción a la pornografía. Tonya siempre se había considerado una persona sexual, y se sentía muy atraída por Duane. En los primeros años de su relación,

ambos tenían una vida sexual muy activa y maravillosa, pero según pasaba el tiempo y nacieron los niños, empezó a disminuir. Tonya era frecuentemente la impulsora de la intimidad sexual en su relación. Por eso el descubrimiento de la adicción a la pornografía de Duane fue tan doloroso. Ella siempre estaba lista y disponible para hacer el amor con su pareja, así que ¿por qué estaba mirando en otra parte? ¿No era ella suficiente para él?

- Genevieve había tenido una aventura fuera de su matrimonio. Ella y su marido, casados desde hacía 21 años, han estado trabajando en su conexión emocional y física. Sin embargo, mientras hacían el amor, Tim no pudo evitar preguntarse si Genevieve estaba pensando en él o en la pareja de su aventura. Cuando la excitación fue mayor, Tim se distrajo con imágenes mentales del engaño y no logró excitarse por completo. Se sintió desanimado y perdido sobre la vida sexual con su propia esposa.

Estos son tan solo algunos ejemplos de cómo la sexualidad de una pareja puede herirse y cómo el daño a este área tan sagrada de una relación puede persistir, incluso después de un trabajo de curación. E incluso peor, este área de sanación suele ser, generalmente, pasado por alto y no se habla de ello. En su lugar, se barre debajo de la alfombra, se ignora. Cuando esto ocurre, el proceso de curación del engaño parece estar incompleto, y ambos podrían encontrarse con que persisten todavía las dudas sobre la veracidad y viabilidad de su vínculo íntimo.

Tener conversaciones abiertas sobre lo que ocurre sexualmente entre tu pareja y tú es imperativo si deseas curar tu relación totalmente. Dicho esto, como hemos afirmado anteriormente, antes de profundizar en este trabajo, necesitáis sentir que la honestidad y la confianza en la relación se han restaurado (o que estáis integrados en el proceso). Necesitas sentirte de esta manera porque el sexo con una persona a la que amas y que te importa requiere una cantidad significativa de vulnerabilidad, y si no estás cómodo(a) con ello, no disfrutarás del sexo que vayáis a experimentar.

A menudo, tanto la pareja engañada como la participante tienen dudas y temores que necesitan tratar.

El ejercicio siguiente está diseñado para identificar estos problemas y después pensar en lo que se fundamentan. Hay una tabla para la pareja participante y otra para la pareja engañada. Deberéis cada uno completar vuestra parte del ejercicio y llevar vuestros resultados tanto a vuestros terapeutas individuales como al de parejas para hablar sobre ellos.

Ejemplo: Evaluación de áreas de preocupación sexual

Completad la tabla a continuación. Si el área de preocupación no se refiere a ti, simplemente déjalo en blanco.

Preocupación	Función cognitiva asociada
Temor a las consecuencias de la salud	No me fio de que mi pareja sea un compañero sexual seguro.
Imagen corporal	Mi cuerpo no es lo suficientemente atractivo para mi pareja.

Pareja engañada: Evaluación de áreas de preocupación sexual

Preocupación	Función cognitiva asociada
Temor a las consecuencias de la salud	
Imagen corporal	
Sentimientos de deseo	
Inseguridades sobre el rendimiento	
Sentimientos de obligación	
Vergüenza sexual	

Preocupación	Función cognitiva asociada
Disfunción sexual	
Incapacidad de confiar	
Temor a ser vulnerable	
Comparación otros	
Pensamientos molestos	

Pareja participante: Evaluación de áreas de preocupación sexual

Preocupación	Función cognitiva asociada
Temor a las consecuencias de la salud	
Imagen corporal	
Sentimientos de deseo	
Inseguridades sobre el rendimiento	
Sentimientos de obligación	

Preocupación	**Función cognitiva asociada**
Vergüenza sexual	
Disfunción sexual	
Incapacidad de confiar	
Temor a ser vulnerable	
Comparación otros	
Pensamientos molestos	

Una vez más, sugerimos que compartas tu lista con tus terapeutas, tanto individual como de pareja, para poder procesarlo individual y conjuntamente. Cuando empecéis a trabajar en estos problemas, entenderéis mejor vuestras necesidades y deseos sexuales, y volveréis a sentir que estáis juntos sexualmente como pareja. A medida que esto ocurra, siempre debéis estar pendientes de las áreas más vulnerables y tiernas de tu pareja y de su corazón.

Plan de salud sexual de la pareja

Crear un plan de salud sexual como pareja es un modo fantástico de imaginar juntos una vida sexual sana. Un plan de salud sexual es similar a los planes de salud sexual que se utilizan con los adictos en las recuperaciones de adicciones al sexo y a la pornografía.

La clave de este tipo de plan es que está individualizado para cada relación Tiene en cuenta tus necesidades y deseos únicos como pareja y te ayuda a delimitar lo que es correcto para tu pareja y para ti.

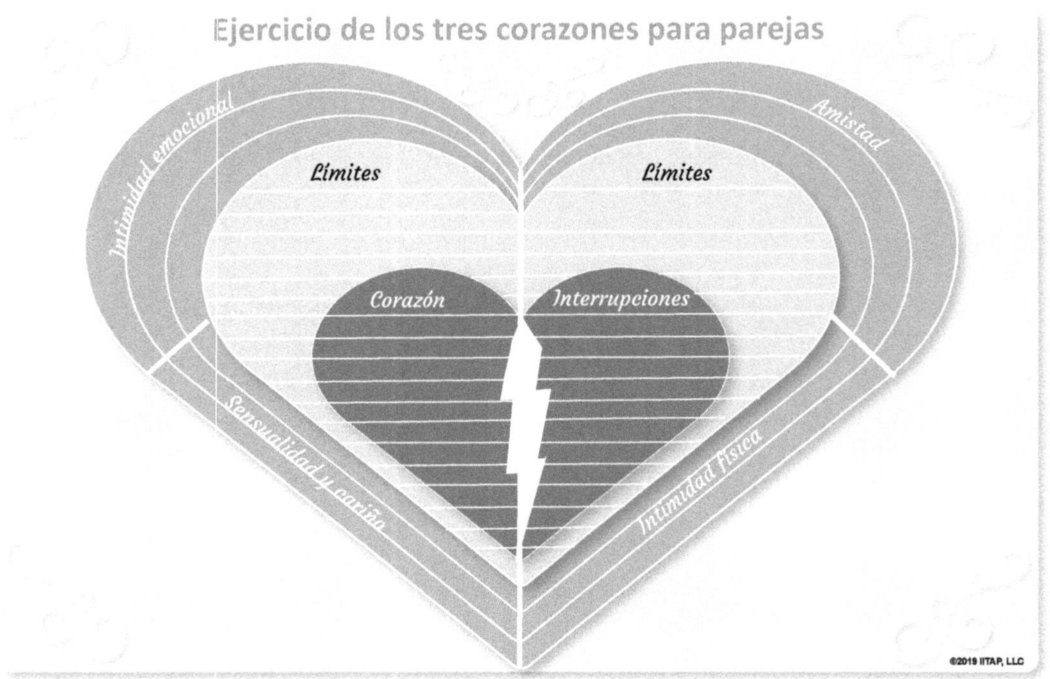

El primer paso como pareja es identificar las áreas sexuales que podrían ser intocables, al menos por el momento. Estas deben colocarse en el centro de tu plan de salud sexual. ¿Hay algo en lo que, tanto como individuo o pareja, no deseas participar sexualmente? Esta lista puede incluir conductas en las que pasas apuros o que no has disfrutado en el pasado. Si cualquiera de vosotros se encuentra en recuperación por adicción al sexo o pornografía, deberéis incluir también esa conducta límite.

Estos elementos intocables comprenden tu *lista de abstinencia*, es decir cualquier conducta sexual que haya sido problemática o que tu pareja no ha disfrutado. Ejemplos de conductas que deberían incluirse en el centro de tu gráfico del corazón como parte de tu lista de abstinencia incluyen:

- Pornografía
- Prostitución
- Aventuras
- Objetivizar a otras personas
- Mentir a mi pareja

- Utilizar aplicaciones de encuentros sexuales
- Utilizar sitios de citas
- Ir a clubes de striptease
- Comunicarte con un/una ex en las redes sociales
- Sexo anónimo o casual

Tu lista de abstinencia debería incluir también áreas de dolor que todavía están presentes debido al engaño. Por ejemplo, imaginemos que la pareja engañada descubre que la pareja participante ha estado utilizando juguetes sexuales durante el engaño. Este podría ser un punto de dolor que tal vez no se ha curado todavía. Por lo tanto, los juguetes sexuales deberían ser incluidos (al menos durante algún tiempo) en la lista de abstinencia de esta pareja.

Es importante tener en cuenta que el plan de salud sexual de tu relación es un documento de trabajo. A medida que progresáis en vuestra curación, podéis acordar mutuamente hacer modificaciones al plan. Por ejemplo, en el caso de Stephen y Rick, muchas de las infidelidades de este último ocurrieron utilizando aplicaciones de encuentros sexuales en su smartphone. Al reconocerlo, el uso del smartphone por parte de Rick se incluyó en la lista de abstinencia de la pareja. Rick eliminó su teléfono y se compró un teléfono normal en el que las aplicaciones no funcionaban y así no tenía la tentación de usarlas. Esto le dio mucha seguridad a Stephen. Finalmente, seis meses después, cuando la confianza estaba casi totalmente restaurada en su relación y Rick se encontraba en una etapa sólida de su recuperación, Stephen y Rick acordaron mutuamente que ya podía volver a utilizar un smartphone.

Crea aquí tu lista de abstinencia:

....

....

....

....

....

....

....

....

....

....

El corazón medio se denomina *la lista de límites*. Aquí es donde decidís como pareja los límites que vais a acordar para proteger vuestra relación. La lista incluye límites alrededor de vuestra conducta sexual, límites para proteger vuestra conexión emocional y límites para promover la seguridad en vuestra relación.

Por ejemplo, cuando Tonya y Duane estaban trabajando en retomar su intimidad, empezaron a notar un patrón negativo en su relación. Siempre que hablaban de dinero antes de irse a la cama, creaba una tensión entre ellos que provocaba que perdieran su conexión emocional. Eso causaba que se dieran la espalda y creara un dolor y una desconexión entre ellos. Como reconocimiento de ese patrón, uno de sus límites fue no hablar de dinero después de las 7pm.

Ejemplos de conductas que podrían incluirse en tu corazón medio como parte de tu lista de límites incluyen:

- Tendremos un software de filtración en cada dispositivo digital.
- Sin encuentros individuales, bajo ningún caso, con miembros del sexo opuesto (o del mismo sexo para relaciones gay).
- No asistir a las reuniones de los 12 pasos cuando hay miembros del sexo opuesto.
- No conducir solo(a) en un barrio donde haya salas de masaje o clubes de striptease.
- No quedarse solo(a) por la noche en una ciudad sin un responsabilidad rigurosa y revisiones periódicas.

Crea aquí tu lista de límites:

....

....

....

....

....

....

....

....

....

La última parte del plan de salud sexual de la pareja es el corazón externo, que se denomina *vínculo saludable.* Esta es la lista de conductas saludables que apoyan vuestra intimidad como pareja. Esta lista incluye cuatro cuadrantes:

1. Intimidad emocional
2. Amistad
3. Sensualidad y cariño
4. Intimidad sexual

Intimidad emocional

El mejor sexo ocurre cuando ambas partes se sienten libres, se abren, confían y están conectadas emocionalmente. La vulnerabilidad emocional y física se entrelazan y las experiencias se vuelven más ricas, más significativas y divertidas. Cuando eres capaz de darte tanto emocional como físicamente, el sexo es mucho más atractivo.

Muchas parejas participantes caen atrapadas en la intensidad de su engaño. Por ejemplo, viendo pornografía que es más gráfica o extrema, o tal vez teniendo una cita sexual de alto riesgo. Aunque esto pudiera parecer emocionante, las parejas participantes descubren que tarde o temprano termina por ser decepcionante y solitario. A cambio, el sexo además empieza a parecer vacío a pesar de la intensidad.

Esta es una de las razones por las que las parejas que esperan curarse del engaño deberían trabajar en la intimidad emocional antes de incluso pensar en reavivar su intimidad sexual.

En este caso, como pareja, debemos proponer actividades y conductas que nos acerquen emocionalmente. Por ejemplo, Brent y Andrea disfrutan de paseos habituales en la playa donde Brent le propuso matrimonio a Andrea. Este lugar es especial para ambos, y siempre les ayuda a sentirse emocionalmente conectados. Para otras parejas, hacer la terapia de control en la relación cada noche puede crear un acercamiento emocional. Compartir la espiritualidad puedes también ayudar a las parejas a sentirse más cerca emocionalmente.

En el espacio a continuación, haz una lista de lo que os acerca a los dos emocionalmente. Entonces agrega estos elementos al cuadrante emocional del corazón externo.

Crea tu lista de intimidad emocional aquí:

....

....

....

....

....

....

....

....

....

Amistad

Este aspecto del vínculo saludable se basa en el divertimento y en la celebración de vuestra fuerza como pareja. De manera similar a la lista que creaste en el capítulo siete, ¿cuáles son las actividades más alegres que os unieron originalmente? Algunos ejemplos podrían ser cosas como salidas por la noche o hobbies que ambos disfrutáis, como pueda ser el senderismo, ciclismo de montaña, ir a bailar, explorar diversos restaurantes o ir a un concierto, opera o teatro. Atraed de nuevo vuestras pasiones y momentos felices a vuestra relación.

En el espacio a continuación, haz una lista de lo que os une como amigos. Después, agrega esos elementos al cuadrante de la amistad en tu corazón externo.

Crea aquí tu lista de amistad:

....

....

....

....

....

....

....

....

....

Sensualidad y cariño

Uno de los aspectos más bonitos de estar en una relación es experimentar el acercamiento no sexual y la conexión que ocurre entre dos personas. Desarrollar este aspecto del vínculo saludable puede incrementar la intimidad emocional y la amistad de manera profunda. Puede ser, además, el preludio de una intimidad sexual más sensible. Como humanos, somos criaturas profundamente sensuales a las que nos encanta que nos cuiden. Todo el mundo desea sentirse especial, apreciado y valorado. A medida que trabajas en estos aspectos del vínculo saludable, es importante que te tomes el tiempo suficiente para honrar lo importantes que sois el uno para el otro y lo mucho que disfrutáis juntos. A continuación, hemos expuesto algunas ideas para ayudarte con este aspecto del vínculo saludable: *The Couple's Guide to Intimacy: How Sexual Reintegration Therapy Can Help Your Relationship Heal ("La guía en pareja de la intimidad: Cómo la terapia de reintegración sexual puede ayudar a curar la relación")* (Versión en inglés) de los doctores Bill y Ginger Bercaw es otro gran recurso para reconstruir la intimidad sexual y emocional.[1]

- **Momentos de contacto con la piel:** Algo que podría ser muy especial para las parejas es tumbarse en la cama desnudos, acariciándose el uno al otro sin intención sexual. Es simplemente una oportunidad de disfrutar de los abrazos, de estar desnudos y vulnerables mutuamente, y de disfrutar el tacto mutuo. Hacer cosquillas en la espalda o en los brazos del otro puede ser muy agradable. Si crees estar preparado(a) para intentarlo como pareja, hacedlo durante varias noches a la semana antes de dormir.
- **Masaje sensual:** Con el aceite de masaje y por turnos dad y recibid masajes porque es una manera maravillosa de crear una tensión erótica mientras que proporcionamos amor, tacto no sexual y un cuidado íntimo. Otra opción sería tumbaros con los cuerpos de manera opuesta, cabeza con pie y masajearos mutuamente los pies.
- **Baño sensual:** Si tenéis una bañera lo suficientemente grande, bañarse juntos puede ser una experiencia íntima maravillosa. Utiliza el gel o aceites de baño para masajearos mutuamente.
- **Compartir fantasías:** Una pequeña conversación en la almohada puede ser un modo de añadir un poco de picante a vuestra relación. Intentad miraros a los ojos y compartir fantasías sobre lo que os gustaría hacer con el otro.

Estos son solo algunos ejemplos. En el espacio a continuación, haz una lista de todas las cosas que os acercan sexualmente. Después añade estos elementos al cuadrante de sensualidad y cariño de tu corazón externo.

Crea aquí tu lista de sensualidad y cariño:

....

....

....

....

....

....

....

....

Intimidad sexual

Este cuadrante suena como si se explicara por sí mismo. Después del engaño en una relación, sin embargo, no es necesariamente el caso. En esta sección, debes describir a qué estás preparado(a) sexualmente como pareja. Es posible que uno de vosotros o quizás ambos no estéis listos para entrar en absoluto en este campo. Podría haber conductas específicas, tal vez incluso cosas, que los dos solías disfrutar, que ahora desencadenan el trauma sufrido por el engaño. Si es así, necesitáis ser totalmente honestos sobre ello, recordando que tu plan de salud sexual puede siempre modificarse más tarde, a medida que la curación progresa.

Cualquier aspecto que no te corresponda y con el que no estés cómodo(a), esta es tu oportunidad de hablarlo y admitir para lo que estás listo(a). Esto podría incluir todo, desde besar y acariciar pasando por la masturbación mutua, oral u anal y el acto sexual genital.

Debemos tener en cuenta que algunas parejas podrían creer que están listas para comportarse de manera sexual para después, darse cuenta de que en realidad necesitan más tiempo. Es importante que estemos dispuestos a ser pacientes y entendernos mutuamente. Si necesitas retirarte del sexo durante un tiempo para crear una mayor intimidad emocional, por favor, hazlo. Siempre puedes reanudar tu actividad sexual más tarde.

En el espacio a continuación, haz una lista de las conductas sexuales que crees que podrías llevar a cabo como pareja. Después añade estos elementos al cuadrante de intimidad sexual de tu corazón externo.

Crea aquí tu lista de intimidad sexual:

....

....

....

....

....

....

....

....

....

....

....

....

....

....

....

....

....

....

....

....

....

....

....

....

....

Ahora que has creado tus listas, transfiere tus respuestas a la hoja de trabajo de las páginas siguientes.

Ejercicio de los tres corazones para parejas

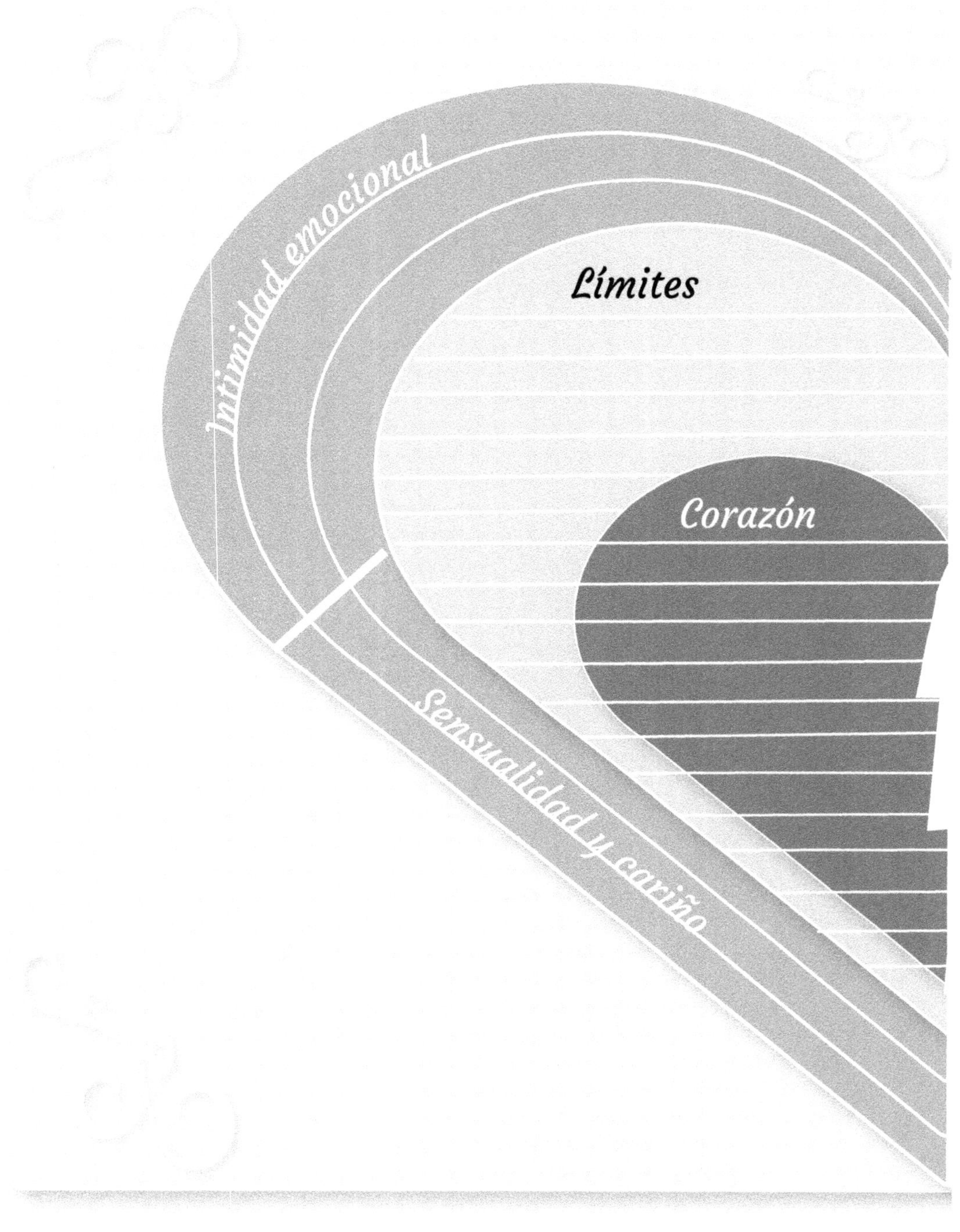

Ejercicio de los tres corazones para parejas

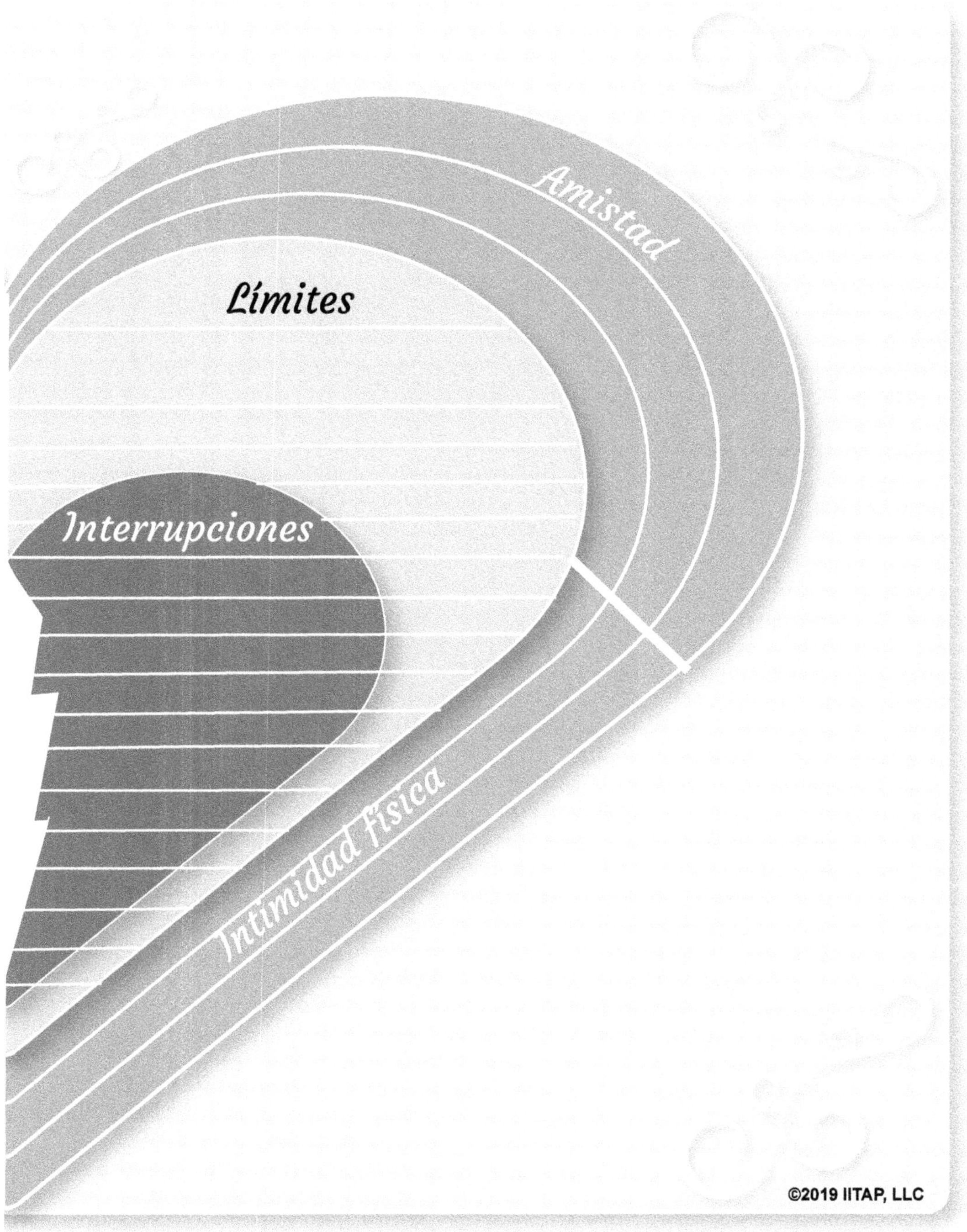

Activar malos recuerdos en el momento

Es bastante común que uno o ambos miembros de la pareja (aunque ocurre generalmente con más frecuencia con las parejas engañadas) experimenten temor o dolor emocional justo en el momento de intentar la reintegración sexual. Esto es completamente normal. Pensamientos intrusivos, hiper vigilancia y temor son respuestas normales del síndrome postraumático, y se pueden manifestar en cualquier momento cuando se activen los malos recuerdos.

Si esto ocurre, es importante parar, apartarse del sexo y centrarse en la conexión emocional. Si todavía de esta manera se activan los malos momentos, dependerá de ti si deseas detenerlo también y compartir abiertamente tu temor y dolor. Si eres la pareja que no sufre estos recuerdos, sugerimos que utilices el modelo de APOYO para responder, y en un momento dado pedir a tu pareja si puedes abrazarlo(la) en un modo no sexual para proporcionarle amor, paciencia, entendimiento y seguridad.

CAPÍTULO OCHO:

Seguir adelante

Las parejas en recuperación de un engaño sexual cometen, frecuentemente, un error devastador en su trayectoria de curación. Buscan tratamiento para su engaño, y cuando las cosas se calman y la crisis disminuye, dejan de ir a terapia. Como hemos mencionado muchas veces en este libro, todas las parejas poseen disfunciones subyacentes en sus relaciones. Como tal, uno de los pasos más proactivos que podéis adoptar para proteger vuestra relación es trabajar de manera continua en ella, incluso después de que el engaño se haya resuelto.

Ahora que has tenido la oportunidad de trabajar con parte del dolor generado por el engaño, es el momento de prestar atención a otros problemas de tu relación. Esto no significa que el dolor del engaño es ya parte del pasado. De vez en cuando es probable que vuelve a salir a la luz. Pero, tal vez con el nuevo entendimiento y conocimientos que habéis logrado como pareja, podéis empezar a trabajar en otras facetas de vuestra relación.

A medida que tu pareja y tú participéis en este "siguiente nivel" de la relación, es importante que entendáis que ninguna relación es perfecta y ninguna pareja es perfecta. Si insistes en la perfección, tus expectativas no son realistas, simplemente no encontrarás la perfección en ningún ser humano. Lo máximo que puedes esperar es sentir un vínculo emocional y sexual con tu pareja, y que las cosas que amas o te gustan de tu pareja superen las cosas que te ponen de los nervios.

Es posible que estés leyendo esta sección y pienses. *¿Nos han pedido que pasemos a través de una "picadora de carne" emocional, y ahora nos piden que pasemos a otro nivel tratando todas las pequeñas contrariedades que rodean nuestra relación?*

Si es así, lo que sientes es totalmente comprensible, y tal vez necesites alejarte de este trabajo de dolor emocional durante algún tiempo (tres meses es generalmente lo más habitual). Después de esa pausa, no obstante, necesitas volver a trabajar en todo ello, porque las pequeñas irritaciones y resentimientos se acumularán y aumentarán si no se tratan. Por lo tanto, vuelve a tu terapia de pareja y sigue trabajando en la comunicación, en la intimidad emocional, comprensión y conexión. Si lo haces de buena fe, tu relación se volverá más fuerte que antes del engaño.

Aspirar a una relación revitalizada

Según leas y hagas el trabajo sugerido por este libro, es probable que tu pareja y tú os sintáis, en ocasiones, desanimados. Es normal y totalmente comprensible. El engaño es una pesadilla emocional y el proceso de curación no es nada fácil. Te vas a encontrar en una montaña rusa y tu pareja también, pero en una diferente. Simplemente, cuando tú te sientas mejor, tu pareja se encontrará triste. Cuando sientas que estáis conectando, tu pareja te pedirá un poco de espacio. Cuando creas que finalmente estas listo(a) para retomar tu relación sexual, tu pareja no lo estará.

La buena noticia es que esto no es para siempre. Generalmente, con el tiempo, teniendo en cuenta que la pareja participante ha dejado su conducta problemática y se ha vuelto rigurosamente honesto(a), y ambos trabajáis en los otros factores necesarios para curaros, la confianza dentro de la relación se restaurará y la intimidad brotará. Una mañana te despertarás y te darás cuenta de que te sientes bien con tu relación. Que estás dispuesto(a) a ser vulnerable de nuevo, y estás contento(a) de haber realizado el duro de trabajo de la curación porque ahora, de alguna manera, tu relación es lo que siempre habías querido que fuera.

Esto podría no parecer posible mientras te encuentras en un estado de convulsión por el engaño, pero puede y ocurrirá si estás dispuesto(a) a ser honesto(a), a tener la mente abierta y ser diligente sobre el proceso de recuperación y sanación. Por favor, no os desaniméis, luchad frente los momentos duros y trabajad en vuestra relación.

Daniel y Mónica

Daniel y Mónica llevan casados 17 años y tienen 4 hijos en un rango de edad entre los 8 a 15 años. Daniel está muy unido a su madre y ha sido así toda su vida. Mónica cree que la dependencia de Daniel hacia su madre va en detrimento de su relación. Dice: "A veces me pregunto si me he casado con una persona o con dos. No es que me importe tener una suegra, pero siempre está en medio de nuestro matrimonio y Daniel siempre está de su lado. Siempre que Daniel y yo no estamos en desacuerdo sobre algo, él se acerca más a ella. Eso no es lo que yo firmé cuando me casé."

Al mismo tiempo, Daniel se queja de que Mónica está muy unida a sus hijos, especialmente al más pequeño, igual que Daniel está con su madre. Él dice, "Con Mónica, todo ocurre alrededor de los niños. Si he tenido un día terrible en el trabajo, y necesito un poco de confort, simplemente no existe. Está demasiado ocupada ayudando a los niños con sus deberes, sus vidas sociales o lo que estén haciendo. Y en muchas ocasiones, creo que realmente les gustaría que les dejara en paz durante un rato. Excepto a lo mejor el más pequeño. Deja que mamá haga todo por él y así será durante el resto de su vida. Y encima, ella habla sobre *mí* y lo unido que estoy con mi madre."

Hace un año, mientras Daniel estaba trabajando y los niños en la escuela, Mónica conoció al padre de otro niño. Inicialmente, sus conversaciones fueron intercambios amistosos, risas y conversaciones sobre los niños. Después, al vivir a una hora de distancia, decidieron quedar a tomar un café en la mitad del camino. Durante la cita empezaron a hablar de los problemas que tenían en sus matrimonios. Ninguno de los dos tenía la intención de comenzar una aventura, pero al final ocurrió.

Tres meses más tarde, Daniel encontró mensajes, mensajes sexuales y otras pruebas de la aventura de Mónica. Reaccionó con una mezcla de ira, tristeza y autoinculpación. Mónica admitió lo que había hecho, terminó la aventura y comenzó tanto una terapia individual como de pareja con Daniel, y se centró en trabajar en la curación de su relación. Mientras tanto, Daniel encontró un grupo de apoyo online para parejas engañadas con el fin de ayudarle a gestionar sus sentimientos, fue a la terapia de pareja con Mónica e hizo todo lo que pudo para confiar en su mujer en todos los aspectos de la vida. El arduo proceso de reconstruir la confianza se impulsó significativamente con el proceso de la divulgación terapéutica.

Actualmente, Daniel y Mónica creen que han atravesado y superado la mayoría del trauma y desconfianza creada por la aventura de Mónica. Pero su relación todavía se centra en numerosos desacuerdos y dificultades. Parece que los problemas principales son los mismos que antes de la aventura (la unión de Daniel con su madre y la de Mónica con sus hijos). Tener a todas estas "personas extra" en medio de la relación está causando que la pareja se sienta poco apreciada, infravalorada, y a veces, poco amada. Ambos se preguntan si todo el trabajo de curación posterior al engaño ha sido malgastado.

Terapia de pareja basada en el apego

La Dra. Sue Johnson afirma que lo más importante en nuestras relaciones es que sentimos amor, que se preocupan por nosotros y nos encontramos protegidos.[1] Cuando no sentimos estas cosas, nos quejamos y creamos conflictos. Esto significa que las parejas que lo están pasando mal, tal y como vimos con Daniel y Mónica, necesitan tratar más problemas en la terapia de parejas que la responsabilidad, la resolución de problemas, y el desarrollo de gestión de conflictos que aprendieron mientras se curaban del engaño. Estas parejas también necesitan centrarse y encontrar modos de nutrir el sentido del apego y el confort que ambos desean y necesitan desesperadamente en su relación.

Cambiar el punto de atención de esta manera en el trabajo de pareja a largo plazo, es decir, pasar de la resolución de una crisis al desarrollo de un apego significativo, nos guía hacia los deseos más profundos y las emociones más fuertes de cada pareja. Con frecuencia este trabajo se lleva a cabo utilizando lo que se llama "Emotionally Focused Couples Therapy" (EFT, "Terapia focalizada en las emociones, por sus siglas en inglés"). Esta metodología desarrollada por la Dra. Sue Johnson, ha demostrado ser altamente efectiva en parejas que tratan con problemas de crisis y cuestiones subyacentes desde hace mucho tiempo.[2]

EFT reconoce el valor de sentirse conectado con seguridad en las relaciones. También reconoce que gran parte del drama que ocurre en una relación suele ser superficial sobre la familia política, los niños, el dinero o cualquier otra cosa con la que está tratando la pareja en ese momento. EFT entiende que lo que realmente importa en una relación es que la pareja esté presente en momentos de necesidad, que la pareja sienta que le importa al otro. Sin este sentido de apego seguro, los temas secundarios (como las influencias externas, como vimos tanto con Daniel como Mónica), pueden superar a una relación.

Si no sientes el apego seguro con tu pareja, probablemente vas a depender de una o dos estrategias de enfrentamiento.

1. Culparás activamente a tu pareja por los problemas en vuestra relación.
2. Adormecerás tus necesidades de apego y evitarás el compromiso y el conflicto.

Ambas estrategias son intentos (equivocados) de crear o aferrarse a un sentido de apego seguro con tu pareja, y ambas estrategias son contraproducentes al respecto. La primera estrategia, culpar a tu pareja, amenaza y la aleja, especialmente si esta es tu táctica. La segunda estrategia cierra las posibilidades a tu pareja en lugar de darle la bienvenida. En ambos casos, tu sufres, tu pareja sufre y tu relación sufre.

Con Daniel y Mónica, por ejemplo, ambos desean sentir un apego seguro de amor, pero ninguno consigue satisfacer esa necesidad. Esto se debe a que, ahora que (en su mayoría) han trabajado en el trauma del engaño, están centrados en sus problemas superficiales en lugar de en lo que realmente importa. Ambos sienten que no son la prioridad del otro. Ambos creen que sus necesidades no importan. Como resultado, caen continuamente en las mismas discusiones básicas superficiales, repitiendo los pasos de esas discusiones como si estuvieran bailando un vals disfuncional y altamente desagradable.

Cuando las mismas discusiones improductivas se repiten una y otra vez en tu relación, es necesario poner en práctica la terapia de pareja centrada en el apego (como la EFT). Solo a través de un duro trabajo seréis capaces de identificar los patrones de vuestra problemática relación y trabajar activamente para resolverlos.

Ser proactivo de esta manera es crítico para el éxito a largo plazo de vuestra relación. Una relación que se ha vuelto más frágil por el engaño no puede soportar discusiones dolorosas que no llevan a ninguna parte. Por lo que es importante volver a la terapia de pareja para resolver vuestros problemas subyacentes en la relación. (Si estáis buscando un terapeuta de parejas centrado en el apego, los profesionales certificados en el proceso EFT de la Dra. Johnson se encuentran en el siguiente enlace: https://members.iceeft.com/member-search.php.)

A medida que seguís adelante con la terapia de pareja para resolver vuestros problemas más profundos en la relación, podría ser útil para ti y tu pareja crear una lista de los problemas y las necesidades insatisfechas que duelen, que se han encubierto, ignorado o apartado antes y después del engaño. ¿Cuáles son los problemas más importantes sin resolver como pareja?

Nuestra lista de problemas centrales para la terapia de pareja centrada en el apego

Daniel se remite a su madre cada vez que surge un problema.
Mónica mima a nuestros hijos, especialmente al más pequeño, e ignora mis necesidades.

Una vez que has identificado los problemas centrales de tu relación, es útil identificar los procesos comunes, es decir, los modos en los que estos problemas se desarrollan. Imagina que estás evaluando tu relación a un nivel muy alto. ¿Cuáles son los desencadenantes clave que causan las discusiones? ¿Podéis cada uno de vosotros identificar los sentimientos que subyacen por debajo de estos desencadenantes y causan que os disgustéis? ¿Cuál es vuestra respuesta?

Lista de desencadenantes de la pareja engañada

Desencadenante	**Sentimiento**	**Respuesta**
Nuestro hijo nos falta al respeto y Mónica se enfada conmigo porque intento imponerle disciplina.	*Me siento culpable de no ser un padre lo suficientemente bueno.*	*Me pongo a la defensiva y acuso a Mónica de mimar a los niños. A veces utilizo su engaño como arma.*

Desencadenante	Sentimiento	Respuesta

Lista de desencadenantes de la pareja participante

Desencadenante	Sentimiento	Respuesta
Si hago algo que no le gusta a Daniel, él llama a su madre para preguntarle cómo debería comportarme.	*Me molesta que parece valorar más la opinión de su madre que la mía. Me siento subestimada y rechazada.*	*Me enfado y utilizo el hecho de que Daniel está muy cercano a su madre para menospreciarle.*

Desencadenante	Sentimiento	Respuesta

Cuando hayáis finalizado estas listas, llevádselas a vuestro terapeuta de pareja. Tened en cuenta que trabajar estos problemas es un proceso a muy largo plazo, incluso que durará toda la vida. Trabajar activamente en estos problemas durante meses y años puede ayudar a vuestra pareja a volverse más fuerte mientras que también evitará mayores infidelidades. Como dicen los expertos: "En las relaciones hay que trabajar duro, pero con sus resultados cosecharás la recompensa de una conexión a largo plazo.

Sanar problemas subyacentes del trauma

Prácticamente todas las personas han sufrido una significativa cantidad de traumas durante su vida. En familias y situaciones saludables, ese trauma se reconoce rápidamente, se valida y procesa. En tales casos, mantiene una influencia relativamente pequeña en la vida futura de la persona traumatizada. Lamentablemente, cuando el trauma no se trata de manera saludable, en especial durante nuestros años de formación, se queda con nosotros, se infecta y causa estragos en periodos posteriores.

Esto ocurre especialmente con las parejas participantes, sobre todo en casos de una conducta sexual compulsiva y un uso pornográfico problemático. Generalmente, estas personas aprenden muy pronto en la vida (gracias a unos padres negligentes, abusivos o inconsistentes), que sus necesidades emocionales podían ser o no satisfechas por sus supuestos cuidadores. En su lugar, rápidamente, aprenden que cuando se dirigen a otros para obtener una validación emocional y apoyo, probablemente serán ignorados y rechazados (lo que hace que se sientan incluso peor de lo que ya están), porque desean recibir el confort que anhelan y necesitan.

Con el tiempo, deciden que, en lugar de volverse vulnerables frente a otras personas, es más fácil y emocionalmente seguro insensibilizarse con una sustancia o conducta adictiva. En lugar de intentar que sus necesidades se satisfagan a través de una conexión con otras personas, ponen a un lado dichas necesidades drogándose o creando una situación intensa emocional y psicológica que les distrae (temporalmente) del dolor de sus necesidades insatisfechas. Finalmente, este patrón de buscar la intensidad en lugar de la intimidad se convierte en adicción. En el caso de la adicción al sexo y a la pornografía, esto se manifestará como una de las miles de formas diferentes de engaño en la relación.

Aunque las parejas engañadas no pueden evitar que las acciones de su pareja participante las perciban como si fueran sus propios errores, es raramente el caso. En general, las acciones de la pareja participante se basan más en traumas no resueltos de sus primeros años. Por supuesto, los problemas continuos de la relación también podrían estar involucrados, pero, en general, la conducta sexual adictiva y compulsiva es prácticamente siempre el resultado de lecciones disfuncionales que la pareja participante ha aprendido en su infancia en lugar de cualquier error que haya llevado a cabo la pareja engañada en la relación.

En reconocimiento a este hecho, la pareja participante tal vez necesite una terapia que no está relacionada con el engaño en la relación. Tal vez tenga que participar en una terapia de trauma que trate los problemas vitales que nunca se han resuelto. Es mejor llevar a cabo este trabajo después de que la pareja participante se haya alejado de sus comportamientos problemáticos sexuales durante varios meses y haya desarrollado una red de apoyo sólida para su recuperación. Trabajar en el trauma debe dejarse a un lado hasta esa fase de la curación porque es un desencadenante extremo y puede llevar fácilmente a una recaída.

Al mismo tiempo, las parejas participantes necesitan entender que las parejas engañadas también podrían tener traumas no resueltos en su infancia que les han influenciado en su edad adulta. Si ese es el caso, entonces las reacciones de la pareja traicionada en el momento del engaño pueden estar tan relacionadas con el trauma de los primeros años de su vida como con el engaño de la relación. Si una pareja traicionada fue descuidada, maltratada, abandonada o experimentó alguna otra forma de disfunción en una etapa temprana de su vida, la sensación de seguridad de esa persona en las relaciones puede verse disminuida, lo que conlleva dificultades para afrontar las emociones en la edad adulta.

En tales casos, la pareja engañada podría, al igual que la pareja participante, necesitar una terapia que trate los traumas no resueltos de su infancia. Este trabajo puede llevarse a cabo en cualquier momento del proceso de sanación, pero, generalmente, se deja a un lado hasta que la relación se ha curado hasta el punto donde parece estar pisando tierra firme. En otras palabras, por lo general es mejor si el trauma inmediato del engaño se trata antes de los efectos prolongados de un trauma infantil que debe desvelarse y procesarse.

Existen muchos tratamientos maravillosos frente al trauma que pueden ayudar a las parejas participantes y engañadas a atravesar el dolor de su infancia. Entre los que se incluyen la desensibilización y reprocesamiento por movimientos oculares (EMDR, por sus siglas en inglés), experiencias somáticas, psicoterapia sensomotriz, sistema de familia interior (IFS, por sus siglas en inglés), terapia de postinducción, psicodrama, terapia de arte y muchas más. Cuando uno de los individuos de la pareja decide participar en este trabajo tan emocionalmente doloroso, el otro miembro de la pareja debe abandonar el juicio de valor y proporcionar empatía y apoyo, aceptando que la resolución del trauma es un proceso emocionalmente volátil y que su pareja podría pasar grandes apuros en momentos determinados.

Tanto Daniel como Mónica se dieron cuenta, como parte de su terapia a largo plazo posterior al engaño, que existían problemas no resueltos en su infancia que estaban abriendo una brecha en su relación como adultos. El problema más doloroso y profundo de Daniel aparecía principalmente por haber tenido un padre alcohólico y abusivo verbalmente. Daniel decía: "Mi padre no estaba mucho tiempo en casa, y se pasaba la mayor parte diciéndonos a mi madre y a mí lo horribles que éramos. Que la casa no estaba limpia, que yo no era lo suficientemente bueno en los deportes, que el perro había hecho sus necesidades en el jardín y no lo habíamos recogido. Todo aquello que podía separarnos cada vez más."

¿Es de extrañar entonces que Daniel aprendiera a recurrir a su madre siempre en busca de amor, apoyo y orientación? ¿Es de extrañar que se sienta tan responsable de la felicidad de su madre como del bienestar de su esposa? Muchos de los problemas de Daniel se remontan a su infancia.

El acercamiento de Mónica a sus hijos estaba también vinculado con traumas de su infancia sin resolver. Cuando tenía 11 años, su madre abandonó el hogar, se marchó a otra ciudad con un hombre que había conocido en su trabajo. En ese momento, como la hija mayor, Mónica se vio forzada a cuidar de sus tres hermanos más pequeños. La única crianza que recibió fue las instrucciones de su padre sobre cómo hacer la cena, cómo necesitaba ayudar a sus hermanos a hacer los deberes, y cómo quería que sus pantalones y camisas de trabajo estuvieran planchadas. Ella decía, "el único cariño o reconocimiento que tuve nunca era de mis hermanos, especialmente de Joey, el más pequeño. Me hacía sentir que importaba." ¿Es de extrañar, entonces, que Mónica busque ahora el mismo tipo de reconocimiento en sus propios hijos, especialmente en el más pequeño?

Daniel y Mónica, conjuntamente y con una terapia continuada de parejas, intentaron terapias individuales con especialistas en traumas para entender mejor y trabajar sus problemas no resueltos de la infancia. Con este trabajo, fueron capaces de entenderse a sí mismos mejor, en particular, los modos en los que sus infancias se filtraban en sus conductas adultas.

Con una mejor comprensión de por qué la opinión de su madre y su aprobación era tan importante para él, Daniel fue capaz de venerarla sin insertarla continuamente en su relación con Mónica. Y esta, con un mejor entendimiento de la dinámica de su propia familia, fue capaz de proporcionar a sus hijos un espacio de respiro (muy necesitado) emocional y psicológico, y centrar esta atención extra en apoyar a su marido.

A medida que Daniel y Mónica integraban lentamente estos cambios en sus vidas y relación, las discusiones disfuncionales que solían tener una y otra vez fueron ocurriendo cada vez menos. Después de unos dos años, estas discusiones se desvanecieron completamente.

Imaginar una nueva relación

Independientemente de la cantidad de trabajo que pongas en tu relación después del engaño, ya nunca será lo mismo. Por mucho que desees que vuelvan aquellos días, eso ya no es posible. Pero eso no significa que tu relación no pueda volverse tan buena o incluso mejor que antes. De hecho, muchas parejas, después de hacer el trabajo descrito en este libro, incluyendo el trabajo extendido de tratar sus traumas de la infancia y los problemas secundarios en la relación (como hicieron Daniel y Mónica), encuentran que su sentido de la intimidad, conexión e incluso disfrute del sexo juntos se ha incrementado notablemente.

Muchas parejas deciden participar en una especie de ritual para señalar el final de su vieja relación y el comienzo de la nueva. Eso ocurrirá solo después de un claro cambio de conducta por parte de la pareja participante, cuando haya existido un perdón honesto de las transgresiones a la pareja y la confianza de la relación se haya reconstruido.

Generalmente, este tipo de ritual tiene dos facetas:

1. Desechar simbólicamente la vieja relación, incluyendo el engaño.
2. Crear una visión de la nueva relación dándole la bienvenida a esa en vuestras vidas.

Estas tareas se pueden hacer de muchas maneras. Alrededor de dos años después del descubrimiento inicial de la infidelidad, Mónica y Daniel eligieron celebrar su aniversario de boda, reuniendo todo el material relacionado con el engaño, cualquier cosa en sus vidas que les recordaba el engaño, y quemar todos esos elementos en su jardín. Después, recogieron las cenizas, las colocaron en una caja de zapatos y las enterraron en un lecho de flores, plantando varios rosales en señal del nuevo comienzo. Además, intercambiaron votos privados de fidelidad, honestidad completa en todos los aspectos de la vida y una disposición a trabajar de manera continua en la intimidad psicológica y emocional de la pareja.

Después de la ceremonia, Daniel y Mónica fueron a casa y pintaron una pared completa con pintura de pizarra. Después llamaron a esa pared su "Gráfico del sueño familiar", y crearon columnas verticales para la familia y para cada miembro individual de esta. Lo hicieron para crear un tablero con una visión general de cómo sus vidas seguían adelante y ayudarles con la comunicación de las necesidades y deseos de cada persona.

De manera interesante, la segunda mitad de esta ceremonia fue mucho más significativa para Daniel y Mónica que la primera. Quizás porque su "Gráfico de sueño familiar" les dirigió, de un modo que fue agradable no solo para ellos dos, sino para toda la familia, a lo que los expertos en matrimonio, los Doctores John y Julie Gottman (Gottman.com) creen que son los aspectos más importantes de una conexión romántica duradera: apoyar los sueños recíprocamente y compartir una visión común de la vida.[3] El enfoque de los Gottman para crear unas relaciones saludables conlleva que:

- Cada persona comparta honestamente sus esperanzas, valores, convicciones y aspiraciones.
- Crear una visión compartida de la relación.
- Conocer el mundo interior psicológico de tu pareja, es decir, su historia, preocupaciones, estrés, alegrías y esperanzas.
- Compartir cariño, admiración y respeto. Alabar las buenas cualidades de tu pareja, mientras que aceptas sus defectos como parte integral de la persona que amas.

- Compartir abiertamente tu necesidad de conexión confiando que tu pareja siempre estará allí cuando lo necesites.
- Comprender objetivos individuales y colectivos trabajando juntos para alcanzar esos objetivos.
- Reconocer que incluso cuando hay un conflicto en la relación, formáis parte del mismo equipo. En otras palabras, reconocer que estáis luchando por el problema en lugar de luchar entre vosotros.
- Comprometerse a un viaje juntos de por vida, reconociendo que habrá momentos difíciles que necesitaréis trabajar juntos.

El enfoque de los Gottman para la terapia en pareja es otro método excelente para un trabajo a largo plazo de vuestra relación. Para encontrar un terapeuta de pareja certificado en el método Gottman, visita: https://gottmanreferralnetwork.com/.

Al considerar la importancia de seguir adelante después del engaño y establecer una nueva visión de vuestra relación, sugerimos que creéis un ritual que marque el avance hacia delante y que sea significativo para vosotros como individuos y para los dos como pareja. Con el fin de ayudaros con este proceso, vamos a proporcionaros la siguiente hoja de trabajo.

Plan de visión individual de 5 años

Nombre: ______________________

Instrucciones: Utiliza esta hoja de trabajo para identificar tus objetivos más importantes en los siguientes seis dominios.

TRABAJO/CARRERA	PASIÓN/CREATIVIDAD	RELACIÓN

CUIDADO PERSONAL / PRÁCTICAS DE RECUPERACIÓN	ESPIRITUALIDAD	OBJETIVOS FINANCIEROS/ MATERIALES

Plan de visión individual de 5 años

Nombre: ______________________

Instrucciones: Utiliza esta hoja de trabajo para identificar tus objetivos más importantes en los siguientes seis dominios.

TRABAJO/CARRERA	PASIÓN/CREATIVIDAD	RELACIÓN
CUIDADO PERSONAL / PRÁCTICAS DE RECUPERACIÓN	**ESPIRITUALIDAD**	**OBJETIVOS FINANCIEROS/ MATERIALES**

La Hoja De Trabajo De Visión Compartida

Instrucciones: Utiliza esta hoja de trabajo para identificar la visión compartida de vuestra vida juntos. Comienza contrastando tu trabajo de visión personal y después identifica qué aspectos coinciden o se complementan. Una pregunta clave que debéis plantearos es qué visión tenéis como pareja o familia que no se refleja en ninguna de las hojas de visión individual.

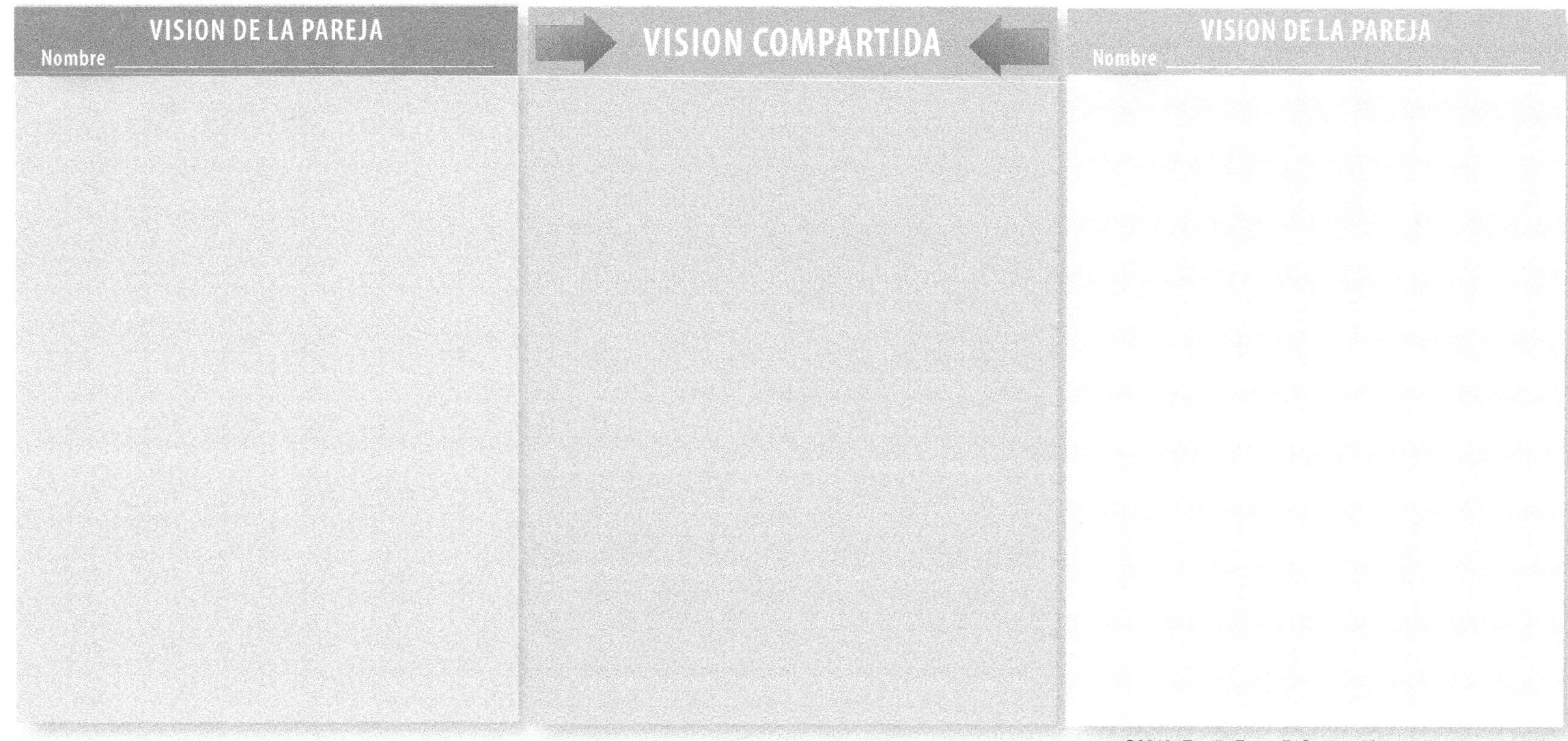

En el espacio a continuación describe como sería este ritual, y por qué es importante y significativo para vosotros dos.

....

....

....

....

....

....

....

....

....

....

....

....

Mejor que nunca

Ya se ha mencionado varias veces a lo largo de este libro que si llevas a cabo los pasos de curación descritos aquí, tu relación puede finalmente ser mejor que nunca. No, no va a ser igual que antes del engaño, pero ¿es qué acaso es lo que quieres? Probablemente no. Después de leer este libro, hacer el trabajo de sanación y reconocer que existen problemas más allá del engaño que se necesitaban tratar desde hacía mucho, probablemente no desearás la vieja relación que tenías. Lo que en realidad quieres es una nueva relación construida sobre la confianza, honestidad, vulnerabilidad y conocimiento íntimo de cada uno.

Esto no es solo posible, sino muy probable. Si tu pareja y tú estáis comprometidos entre vosotros y vuestra relación, llevaréis a cabo el trabajo de curación. Y con eso, la ansiedad y la tensión en vuestro hogar disminuirá. Esto no significa que vuestra relación será perfecta o que no os vais a pelear nunca u os sentiréis frustrados. Simplemente significa que ya no os cuestionaréis si queréis continuar o terminar, o si tu pareja se está planteando lo mismo, y si sois capaces de superar las dificultades actuales. Porque después de sobrevivir y trabajar un trauma de infidelidad, sabes que tu pareja y tú podéis (y así será) estar juntos pase lo que pase. Además, sabéis que tenéis las herramientas para que esto ocurra.

Lo mejor está todavía por llegar en tu relación. El pasado, pasado está y el futuro depende de cómo le des forma. Si eliges hacerlo fantástico, así será. Si elegís permanecer juntos, perdonar y seguir adelante hacia una nueva relación repleta de intimidad, confianza y amor, alcanzaréis este objetivo. Cuando el camino parece muy oscuro, sé valiente y avanza hacia una conexión con tu pareja. Si lo haces, estarás encantado(a) de haberlo hecho.

Guía de recursos

Adult Children of Alcoholics
("Hijos adultos de alcohólicos")
310-534-1815
www.adultchildren.org

Affair Recovery
("Recuperación de aventuras")
888-527-2367
https://www.affairrecovery.com/

Al-Anon
888-425-2666
www.al-anon.org

Alcoholics Anonymous
("Alcohólicos Anónimos") 212-870-3400
www.aa.org

Beyond Affairs Network
("Red más allá de la aventura")
360-306-3367
https://beyondaffairsnetwork.com/

Bloom for Women
("Florecer para mujeres")
https://bloomforwomen.com/

Carol the Coach
Curso online: Crecimiento postraumático.
https://carol-the- coach.teachable. com/p/
partners-find-your-post- traumatic-
growth/? preview

Co-Dependents Anonymous
("Codependientes anónimos")
602-277-7991
www.coda.org

COSA
866-899-2672
www.cosa-recovery.org

Co-Anon
480-442-3869
www.co-anon.org

Cocaine Anonymous
("Cocainómanos anónimos")
310-559-5833
www.ca.org

Debtors Anonymous
("Deudores anónimos")
781-453-2743
www.debtorsanonymous.org

Emotions Anonymous
("Emotivos anónimos")
651-647-9712
www.emotionsanonymous.org

Families Anonymous
("Familias anónimas")
847-294-5877
www.familiesanonymous.org

Gamblers Anonymous
("Jugadores anónimos")
626-960-3500
www.gamblersanonymous.org

Gottman Referral Network
("Red de referencia Gottman")
https://gottmanreferralnetwork.com/

In the Rooms: A Global Recovery Community
("En las salas: Una comunidad global de recuperación")
800-817-9497
https://www.intherooms.com/home/

International Centre for Excellence in Emotionally Focused Therapy
("Centro internacional para la excelencia de la terapia centrada en la emoción") **(ICEEFT)**
613-722-5122
https://iceeft.com/

International Institute for Trauma and Addiction Professionals
("Instituto internacional para profesionales del trauma y la adicción") **(IITAP)**
480-575-6853
www.iitap.com

Marijuana Anonymous
("Anónimos adictos a la marihuana")
800-766-6779
www.marijuana-anonymous.org

Narcotics Anonymous
("Narcóticos anónimos")
818-773-9999
www.na.org

Nicotine Anonymous
("Anónimos adictos al tabaco")
469-737-9304
www.nicotine-anonymous.org

Overeaters Anonymous
("Comedores compulsivos anónimos")
505-891-2664
www.oa.org

POSA
https://www.posarc.com/

Recovering Couples Anonymous
("Parejas en recuperación anónimas")
877-663-2317
https://recovering-couples.org

S-Anon
615-833-3152
www.sanon.org

Sex Addicts Anonymous
("Adictos al sexo anónimos")
713-869-4902
www.sexaa.org

Sex and Love Addicts Anonymous
("Adictos anónimos al sexo y al amor")
210-828-7900
www.slaafws.org

Sexaholics Anonymous
("Sexalcohólicos anónimos")
615-370-6062
www.sa.org

Sex Help (Sexual Addiction Resources)
("Ayuda con el sexo (Recursos para la adicción al sexo")
480-575-6853
www.sexhelp.com

Sexual Compulsives Anonymous
("Anónimos sexuales compulsivos")
212-606-3778
www.sca-recovery.org

Society for the Advancement of Sexual Health
("Sociedad para el avance de la salud sexual")
610-348-4783
www.sash.net

Survivors of Incest Anonymous
877-742-9761
www.siawso.org

Lecturas recomendadas

ADICCIÓN

P. Carnes, S. Carnes y J. Bailey, *Facing Addiction ("Enfrentarse a la adicción") (versión en inglés)* (Carefree, AZ: Gentle Path Press, 2011).

C. Clark, *Addict America: The Lost Connection ("América adicta: La última conexión") (versión en inglés)* (Autopublicado, 2011).

G. Mate, *In the Realm of Hungry Ghosts: Close Encounters with Addiction ("En el reino de los dioses hambrientos: Encuentros cercanos con la adicción") (versión en inglés)* (Berkeley, CA: North Atlantic Books, 2008).

C. Nakken, *The Addictive Personality: Understanding the Addictive Process and Compulsive Behavior ("La personalidad adictiva: Comprender el proceso adictivo y la conducta compulsiva") (versión en inglés)* (Center City, MN: Hazelden, 1998).

ENGAÑO

S. Arterburn y J. Martinkus, *Worthy of Her Trust: What You Need to Do to Rebuild Sexual Integrity and Win Her Back ("Digno de su confianza: Lo que tienes que hacer para reconstruir la integridad sexual y ganártela de nuevo") (versión en inglés)* (Colorado Springs, CO: WaterBrook Press, 2014).

P. Carnes, *The Betrayal Bond ("El vínculo de la traición") (versión en inglés)* (Deerfield Beach, FL: HCI, 1997).

S. Glass, *NOT "Just Friends": Protect Your Relationship from Infidelity and Heal the Trauma of Betrayal ("NO" simplemente amigos": Proteger tu relación de la infidelidad y sanar del trauma del engaño") (versión en inglés)* (New York, NY: The Free Press, 2003).

M. Don Howard, *Intimate Betrayal: Hope and Healing for Couples Recovering from Infidelity and Sexual Addiction ("Traición íntimo: Esperanza y curación para parejas en recuperación de la infidelidad y adicción sexual ") (versión en inglés)* (Autopublicado, 2011).

D. Laaser, *Shattered Vows ("Votos destrozados") (versión en inglés)* (Grand Rapids, MI: Zondervan, 2008).

L. MacDonald, *How to Help your Spouse Heal from Your Affair: A Compact Manual for the Unfaithful ("Cómo ayudar a tu esposa(o) a sanar de tu aventura: Un manual compacto para los infieles") (versión en inglés)* (Gig Harbor, WA: Healing Counsel Press, 2010).

E. Perel, *The State of Affairs: Rethinking Infidelity ("El estado de las aventuras: Replantearse la infidelidad") (versión en inglés)* (New York, NY: HarperCollins Publishers, 2017).

J. Schneider, *Back from Betrayal ("De vuelta del engaño") (versión en inglés)* (Center City, MN: Hazelden, 1988).

J. Schneider y B. Schneider, *Rebuilding Trust ("Reconstruir la confianza") (versión en inglés)* (Deerfield Beach, FL: HCI, 1990).

J. Schneider y B. Schneider, *Sex, Lies and Forgiveness ("Sexo, mentiras y perdón") (versión en inglés)* (Center City, MN: Hazelden, 2001).

D. Snyder, D. Baucom y K. Coop Gordon, *Getting Past the Affair: A Program to Help You Cope, Heal, and Move On -- Together or Apart ("Superar la aventura: Un programa para ayudarte a afrontar, sanar y seguir adelante, juntos o por separado") (versión en inglés)* (New York, NY: The Guilford Press, 2007).

S. Stosny, *Living and Loving after Betrayal: How to Heal from Emotional Abuse, Deceit, Infidelity, and Chronic Resentment ("Vivir y amar después del engaño: Cómo curarse del abuso emocional, mentiras, infidelidad y resentimiento crónico") (versión en inglés)* (Oakland, CA: New Harbinger Publications, Inc., 2013).

LÍMITES

H. Cloud y J. Townsend, *Límites en el matrimonio. (versión en español)* (Grand Rapids, MI: Zondervan, 2002).

A. Katherine, *Boundaries: Where You End and I Begin ("Límites: Donde tú terminas y yo comienzo") (versión en inglés)* (New York, NY: Fireside Books, 1993).

A. Katherine, *Where to Draw the Line: How to Set Healthy Boundaries Every Day ("Dónde marcar la línea: Cómo establecer límites sanos cada día") (versión en inglés)* (New York, NY: Fireside Books, 2000).

R. Lerner, *Living in the Comfort Zone: The Gift of Boundaries in Relationships ("Vivir en la zona de confort: El regalo de los límites en las relaciones") (versión en inglés)* (Deerfield Beach, FL: HCI, 1995).

C.L. Whitfield, *Boundaries and Relationships: Knowing, Protecting, and Enjoying the Self ("Límites y relaciones: Conocer, proteger y disfrutar de tu ser) (versión en inglés)* (Deerfield Beach, FL: HCI, 1993).

C. Wills-Brandon, *Learning to Say No ("Aprender a decir no") (versión en inglés)* (Lincoln, NE: iUniverse, 2000).

A. Wilson Schaff, *Escape From Intimacy ("Escapar de la intimidad") (versión en inglés)* (San Francisco, CA: Harper, 1989).

CEREBRO

D.G. Amen, *El sexo está en el cerebro: 12 lecciones para mejorar tu vida amorosa (versión en español)* (New York, NY: Three Rivers Press, 2007).

L. Brizendine, *El cerebro femenino (versión en español)* (New York, NY: Three Rivers Press, 2007).

L. Brizendine, *The Male Brain ("El cerebro masculino") (versión en inglés)* (New York, NY: Three Rivers Press, 2011).

H. Fisher, *Por qué amamos: Naturaleza y química del amor romántico. (versión en español)* (New York, NY: Henry Holt, 2004).

A. Levine & R. Heller, *Maneras de amar: La nueva ciencia del apego para encontrar el amor y conservarlo, (versión en español)* (New York, NY: Penguin, 2010).

S. Tatkin, *Conectados para el amor: Descifra el cerebro de tu pareja para que tengas una relación mças sólida (versión en español)* (Oakland, CA: New Harbinger, 2011).

CODEPENDENCIA

Anonymous, *S (versión en inglés)* (Denver, CO: CoDA Resource Publishing, 1995).

M., Ann. *Letting Go of the Need to Control ("Liberar la necesidad de controlar") (versión en inglés)* (Center City, MN: Hazelden, 1987).

M. Beattie, *Ya no seas codependiente: Aprende a cuidar de ti mismo y dejar de controlar a los demás (versión en español)* (Center City, MN: Hazelden, 1986).

D. Corley y J. Schneider, *Disclosing Secrets ("Desvelar secretos") (versión en inglés)* (Carefree, AZ: Gentle Path Press, 2002).

J. Friel, T. Gorski, J. Greenleafet al. *Co-Dependency ("Codependencia" (versión en inglés)* (Delray Beach, FL: Health Communications, 1988).

M. Hunter y Jem, un codependente en recuperación, *The First Step for People in Relationships with Sex Addicts ("El primer paso para las personas en relaciones con adictos al sexo") (versión en inglés)* (Minneapolis, MN: CompCare, 1989).

P. Mellody y A. Miller, *La codependencia: Qué es, de dónde viene, como sabotea nuestras vidas (versión en español)* (New York, NY: Harper & Row, 1989).

A.W. Smith, *Grandchildren of Alcoholics: Another Generation of Co-dependency ("Nietos de alcohólicos: Otra generación de codependencia") (versión en inglés)* (Deerfield Beach, FL: HCI, 1988)

W.E. Thornton, *Codependency, Sexuality, and Depression* (Summit, NJ: Pia Press, 1990).

S. Wegscheider-Cruse, *Choicemaking: For Spirituality Seekers, Co-Dependents and Adult Children ("Elegir una opción: Para espiritualistas, codependientes y niños adultos") (versión en inglés)* (Deerfield Beach, FL: HCI, 1985).

RECUPERACIÓN DE PAREJAS

B. Bercaw y G. Bercaw, *A Couple's Guide to Intimacy: How Sexual Reintegration Therapy Can Help Your Relationship Heal ("La guía de pareja a la intimidad:*

Cómo la terapia de reintegración sexual puede ayudar a sanar tu relación") (versión en inglés) (Pasadena, CA: CA Center for Healing, 2010).

P. Carnes, M. Laaser, y D. Laaser, *Open Hearts: Renewing Relationships with Recovery, Romance & Reality ("Corazones abiertos: Renovar las relaciones con recuperación, romance y realidad") (versión en inglés)* (Center City, MN: Hazelden, 1999).

J. Gottman y N. Silver, *Los siete principios para hacer que el matrimonio funcione: Una guía práctica del mayor experto en relaciones del país. (Versión en español)* (New York, NY: Harmony Books, 1999).

J. Gottman, *The Science of Trust: Emotional Attunement for Couples ("La ciencia de confiar: La armonía emocional para las parejas") (versión en inglés)* (New York, NY: W.W. Norton & Company, Inc., 2011).

J. Gottman y N. Silver, *What Makes Love Last?How to Build Trust and Avoid Betrayal ("¿Qué hace que el amor perdure?:Cómo crear confianza y evitar el engaño") (versión en inglés)* (New York, NY: Simon & Schuster Paperbacks, 2012).

A. Katehakis, *Erotic Intelligence: Igniting Hot, Healthy Sex While in Recovery from Sex Addiction ("Inteligencia erótica: Encender la llama, sexo sano mientras te recuperas de la adicción al sexo") (versión en inglés)* (Deerfield Beach, FL: HCI, 2010).

W. Kritsberg, *Healing Together: A Guide to Intimacy and Recovery for Co-Dependent Couples ("Sanar juntos: Una guía hacia la intimidad y la recuperación de parejas codependientes") (versión en inglés)* (Deerfield Beach, FL: HCI, 1989).

E. Marlin, *Relationships in Recovery: Healing Strategies for Couples and Families ("Relaciones en recuperación: Estrategias de curación para familias y parejas) (versión en inglés)* (San Francisco, CA: Harper, 1990).

E. Perel, *Inteligencia erótica: Claves para mantener la pasión en la pareja (Versión en español)* (New York, NY: Harper, 2007).

T. Real, *The New Rules of Marriage: What You Need to Make Love Work ("Las nuevas reglas del matrimonio: Qué necesitas para que funcione hacer el amor") (versión en inglés)* (New York, NY: Ballantine, 2008).

D. Schnarch, *Passionate Marriage: Sex, Love, and Intimacy in Emotionally Committed Relationships ("Matrimonio apasionado: Sexo, amor e intimidad en las relaciones comprometidas emocionalmente") (versión en inglés)* (New York, NY: W.W. Norton & Co., 1997).

S. Tatkin, *Wired for Love: How Understanding Your Partner's Brain and Attachment Style Can Help You Defuse Conflict and Build a Secure Relationship ("Conectados por el amor: Cómo entender la mente de tu pareja y su estilo de apego para ayudarte a calmar los conflictos y crear una relación segura") (versión en inglés)* (Oakland, CA: New Harbinger Publications, Inc., 2011)

S. Tatkin, *We Do: Saying Yes to a Relationship of Depth, True Connection, and Enduring Love ("Lo haremos: Di sí a una relación de conexión verdadera y profunda y un amor duradero") (versión en inglés)* (Boulder, CO: Sounds True, 2018).

M. Weiner-Davis, *Healing from Infidelity: The Divorce Busting® Guide to Rebuilding Your Marriage After an Affair ("Curarse de la infidelidad: La guía Divorce Busting® para reconstruir tu matrimonio después de una aventura") (versión en inglés)* (Woodstock, IL: Michele Weiner-Davis Training Corporation, 2017).

ADICCIÓN AL CIBERSEXO

P. Carnes, D. Delmonico y E. Griffin, *In the Shadows of the Net ("En las sombras de la red) (versión en inglés)* (Center City, MN: Hazelden, 2001).

R. Weiss and J. Schneider, *Untangling the Web: Sex, Porn, and Fantasy Obsession in the Internet Age ("Desenredar la web: Sexo, porno y obsesión por las fantasias en la era internauta") (versión en inglés)* (Carefree, AZ: Gentle Path Press, 2012).

FAMILIA DE ORIGEN

C. Black, *It Will Never Happen to Me ("Nunca me ocurrirá a mí" (versión en inglés)* (Center City, MN: Hazelden, 2002).

C. Black, *Changing Course: Healing from Loss, Abandonment and Fear ("Cambiar de rumbo: Curarse de la pérdida, abandono y el miedo") (version en inglés)* (Center City, MN: Hazelden, 2002).

C. Black, *Unspoken Legacy: Addressing the Impact of Trauma and Addiction within the Family ("Legado tácito: Tratar el impacto del trauma y la adicción dentro de la familia") (versión en inglés)* (Las Vegas, NV: Central Recovery Press, 2018)

M. Hunter, *Joyous Sexuality: Healing from the Effects of Family Sexual Dysfunction ("Sexualidad dichosa: Sanar de los efectos de la disfunción sexual familiar") (versión en inglés)* (Minneapolis, MN: CompCare, 1992).

C. Whitfield, *Healing the Child Within ("Sanar al niño que llevamos dentro" (versión en inglés)* (Deerfield Beach, FL: HCI, 1987).

SEXUALIDAD SANA

A. Katehakis, *Sexual Reflections: A Workbook for Designing and Celebrating Your Sexual Health Plan ("Reflexiones sexuales: Un libro de trabajo para diseár y celebrar tu plan de salud sexual") (versión en inglés)* (Los Angeles, CA: Center for Healthy Sex, 2018).

A. Katehakis y T. Bliss, *Mirror of Intimacy: Daily Reflections on Emotional and Erotic Intelligence ("El espejo de la intimidad: Reflexiones diarias sobre la inteligencia erótica y emocional") (versión en inglés)* (Los Angeles, CA: Center for Healthy Sex, 2014).

E. Nagoski, *Tal como eres: La nueva ciencia sorprendente que transformará tu vida sexual (Versión en español)* (New York, NY: Simon and Schuster Paperbacks, 2015).

ADICCIÓN AL AMOR

Kelly McDaniel, *Ready to Heal: Breaking Free of Addictive Relationships, third edition ("Preparados para curarse: Liberarse de las relaciones adictivas" Tercera edición) (versión en inglés)* (Carefree, AZ: Gentle Path Press, 2012).

P. Mellody, A. Miller y J.K. Miller, *Facing Love Addiction: Giving Yourself the Power to Change the Way You Love ("Enfrentarse a la adicción al amor: Proporciónate el poder de cambiar el modo en el que amas") (versión en inglés)* (New York, NY: Harper One, 1992).

S. Peabody, *Addiction to Love: Overcoming Obsession and Dependency in Relationships. ("Adicción al amor: Superar la obsesión y la dependencia en las relaciones") (versión en inglés)* (Berkeley, CA: Celestial Arts, 2005).

B. Schaeffer, *Is It Love or Is It Addiction? ("¿Es amor o adicción?") (versión en inglés)* (Center City, MN: Hazelden, 2009).

PROBLEMAS MASCULINOS

K. Adams, *When He's Married to Mom ("Cuando él está casado con mama") (versión en inglés)* (New York, NY: Simon & Schuster, 2007).

B. Erickson, *Longing for Dad: Father Loss and Its Impact ("Anhelo de papa: La pérdida del padre y su impacto") (versión en inglés)* (Deerfield Beach, FL: HCI, 1998).

R. Fisher, *El caballero de la armadura oxidada (Versión en español)* (Chatsworth, CA: Wilshire Book Co., 1989).

S. Keen, *Fire in the Belly: On Being A Man ("Fuego en las entrañas: Ser un hombre") (versión en inglés)* (New York, NY: Bantam, 1992).

T. Real, *I Don't Want to Talk About It: Overcoming the Secret Legacy of Male Depression ("No quiero hablar de ello: Superar el legado secreto de la depresión masculina" (versión en inglés)* (New York, NY: Fireside, 1998).

G. Smalley, *If Only He Knew ("Si solo lo supiera él) (versión en inglés)* (Grand Rapids, MI: Zondervan, 1982).

M. Lew, *Victims No Longer: The Classic Guide for Men Recovering from Sexual Child Abuse (No más víctimas: La guía clásica masculina para recuperarse del abuso sexual infantil") (versión en inglés)* (New York, NY: Harper Perennial, 2004).

PAREJAS DE ADICTOS AL SEXO

C. Black, *Deceived: Facing the Trauma of Sexual Betrayal ("Defraudado: Enfrentarse al trauma del engaño sexual") (versión en inglés)* (Las Vegas, NV: Central Recovery Press, 2009).

S. Carnes, *Mending A Shattered Heart: A Guide for Partners of Sex Addicts, second edition ("Aliviar un corazón destrozado: Una guía para parejas de adictos al sexo"Segunda edición) (versión en inglés)* (Carefree, AZ: Gentle Path Press, 2011).

W. Conquest y D. Drake, *Letters From a Sex Addict: My Life Exposed ("Cartas de un adicto al sexo: Mi vida al descubierto") (versión en inglés)* (North Charleston, SC: Conquest & Drake, LLP, 2017).

M. Corcoran, *A House Interrupted: A Wife's Story of Recovering from Her Husband's Sex Addictio ("Un hogar interrumpido: La historia de una esposa en recuperación de la adicción al sexo de su marido") (versión en inglés)* (Carefree, AZ: Gentle Path Press, 2011).

C. Juergensen Sheets y A. Katz, *Help Her Heal: An Empathy Workbook for Sex Addicts to Help Their Partners Heal ("Ayúdale a sanar: Un libro de trabajo empático para los adictos al sexo con el fin de ayudar a curar a sus parejas") (versión en inglés)* (Long Beach, CA: Sano Press, LLC, 2019).

J. Spring y M. Spring, *After the Affair: Healing the Pain and Rebuilding Trust When a Partner Has Been Unfaithful "Después de la aventura: Sanar el dolor y reconstruir la confianza cuando una pareja ha sido infiel") (versión en inglés)* (New York, NY: William Morrow, 1997).

K. Skinner, *Treating Trauma from Sexual Betrayal: The Essential Tools for Healing ("Tratar el trauma del engaño sexual: Las herramientas esenciales para curarse") (version en inglés)* (Lindon, UT: KSkinner Corp., 2017).

B. Steffens y M. Means, *Your Sexually Addicted Spouse: How Partners Can Cope and Heal ("Tu esposo(a) adicto(a) sexualmente: Cómo pueden las parejas enfrentarse a ello y sanar" (versión en inglés)* (Far Hills, NJ: New Horizon Press, 2009).

E. VandeReis, *On the Journey: Poems of Betrayal and Hope ("En trayectoria: Poemas de traición y esperanza") (versión en inglés)* (Carefree, AZ: Gentle Path Press, 2018).

ADICCIÓN AL PORNO

M. Chamberlain and G. Steurer, *Love You, Hate the Porn: Healing a Relationship Damaged by Virtual Infidelity ("Te amo, odio el porno: Sanar una relación dañada por la infidelidad virtual") (versión en inglés)* (Salt Lake City, UT: Shadow Mountain, 2011).

N. Church, *Wack: Addicted to Internet Porn ("Adicto al porno en internet") (versión en inglés)* (Autopublicado, 2014).

W. Maltz y L. Maltz, *The Porn Trap: The Essential Guide to Overcoming Problems Caused by Pornography ("La trampa del potno: La guía esencial para superar losproblemas causados por la pornografía") (versión en inglés)* (New York, NY: HarperCollins Publishers, 2008).

K. Skinner, *Treating Pornography Addiction: The Essential Tools for Recovery ("Tratar la adicción pornográfica: Las herramientas esenciales para la recuperación") (versión en inglés)* (Provo, UT: GrowthClimate, Inc., 2005).

G. Wilson, *Your Brain on Porn: Internet Pornography and the Emerging Science of Addiction ("Tu cerebro en la pornografía: Pornografía en internet y la ciencia emergente de la adicción") (versión en inglés)* (United Kingdom: Commonwealth Publishing, 2014).

LA RECUPERACIÓN Y LOS DOCE PASOS

Anonymous, *Alcohólicos Anónimos (Versión en español)* (New York, NY: AA World Services).

Anonymous, *Al-Anon Faces Alcoholism ("Al-Anon se enfrenta al alcoholismo") (versión en inglés)* (New York, NY: Al-Anon Family Group Head Inc.).

Anonymous, *Al-Anon's Twelve Steps and Twelve Traditions ("Los doce pasos y las doce tradiciones de Al-Anon") (versión en inglés)* (New York, NY: Al-Anon Family Group Head Inc.).

Anonymous, *One Day at a Time in Al-Anon ("Un día de cada vez en Al-Anon") (versión en inglés)* (New York, NY: Al-Anon Family Group Head Inc., 1978).

Anonymous, *The Dilemma of the Alcoholic Marriage ("El dilema del matrimonio alcohólico") (versión en inglés)* (New York, NY: Al-Anon Family Group Head Inc., 1977).

Anonymous, *Valor para cambiar: Un día de cada vez en Al-Anon. (Versión en español)* (New York, NY: Al-Anon Family Group Head Inc., 1992).

Anonymous, *Hope for Today ("Esperanza para hoy") (versión en inglés)* (New York, NY: Al-Anon Family Group Headquarters, 2007).

Anonymous, *Alateen—Un día a la vez (Versión en español)* (New York, NY: Al-Anon Family Group Headquarters, 1983).

Anonymous, *Alateen—Esperanza para los hijos de alcohólicos (Versión en español)* (New York, NY: Al-Anon Family Group Headquarters).

Anonymous, *Having Had a Spiritual Awakening ("Tener un despertar espiritual" (versión en inglés)* (New York, NY: Al-Anon Family Group Headquarters, 1998).

Anonymous, *Sex and Love Addicts Anonymous ("Adictos anónimos del amor y el sexo") (versión en inglés)* (San Antonio, TX: The Augustine Fellowship, 1986).

Anonymous, *Recovering Couples Anonymous Blue Book ("El libro azul de las parejas anónimas en recuperación") (versión en inglés)* (Oakland, CA: Recovering Couples Anonymous, 1996).

P. Carnes, *A Gentle Path Through the Twelve Steps: The Classic Guide for All People in the Process of Recovery ("Un camino delicado a través de los doce pasos: La guía clásica para todas las personas en proceso de recuperación") (versión en inglés)* (Center City, MN: Hazelden, 2012).

P. Carnes, *A Gentle Path Through the Twelve Principles: Living the Values Behind the Steps ("Un camino delicado a través de los doce principios: Vivir los valores detrás de los pasos") (versión en inglés)* (Center City, MN: Hazelden, 2012).

S. Covington, *A Woman's Way Through the Twelve Steps ("El modo femenino a través de los doce pasos") (versión en inglés)* (Center City, MN: Hazelden, 1994).

D. Griffin, *A Man's Way Through the Twelve Steps ("El modo masculino a través de los doce pasos") (versión en inglés)* (Center City, MN: Hazelden, 2009).

Bill P. y Lisa D., *The Twelve Step Prayer Book ("El libro de oraciones de los doce pasos") (versión en inglés)* (Center City, MN: Hazelden, 2004).

ADICCIÓN AL SEXO

P. Carnes, *Don't Call It Love: Recovery from Sexual Addiction ("No lo llames amor: Recuperarse de la adicción sexual") (versión en inglés)* (Center City, MN: Hazelden, 1992).

P. Carnes, *Out of the Shadows: Understanding Sexual Addiction ("Fuera de las sombras: Comprender la adicción sexual") (versión en inglés)* (Center City, MN: Hazelden, 2001).

P. Carnes, *Contrary to Love: Helping the Sexual Addict ("Contrario a amar: Ayudar al adicto sexual" (versión en inglés)* (Center City, MN: Hazelden, 1994).

P. Carnes, *Enfrentarse a las sombras: Comenzar la recuperación sexual y de las relaciones (Versión en español)* (Carefree, AZ: Gentle Path Press, 2001).

P. Carnes, *Sexual Anorexia: Overcoming Sexual Self-Hatred ("Anorexia sexual: Superar el odio sexual a uno mismo") (versión en inglés)* (Center City, MN: Hazelden, 1997).

P. Carnes y K. Adams, *The Clinical Management of Sex Addiction ("La gestión clínica de la adicción al sexo") (versión en inglés)* (New York, NY: Brunner- Routledge, 2002).

R. Weiss, *Cruise Control: Understanding Sex Addiction in Gay Men ("Cruise Control: Comprender la adicción al sexo en los homosexuals") (versión en inglés)* (Carefree, AZ: Gentle Path Press, 2012).

R. Weiss y M. Ferree, *Out of the Dog House for Christian Men: A Redemptive Guide for Men Caught Cheating ("Fuera de la caseta del perro para hombres cristianos: Una guía redentora para hombres infieles") (versión en inglés)* (Palm Springs, CA: Three iii Publishing, 2018).

IRA Y VERGÜENZA

J. Bradshaw, *Healing the Shame That Binds You ("Sanar la vergüenza que te ata") (versión en inglés)* (Deerfield Beach, FL: HCI, 2005).

B. Brown, *Los dones de la imperfección: Líbrate de quién crees que deberías ser y acepta quién eres. (Versión en español)* (Center City, MN: Hazelden, 2010).

H. Lerner, *The Dance of Anger: A Woman's Guide to Changing the Patterns of Intimate Relationships ("La danza de la ira: Una guía femenina para cambiar los patrones en las relaciones íntimas") (versión en inglés)* (New York, NY: Harper Collins, 1985).

R. Potter-Efron y P. Potter Efron, *Letting Go of Shame: Understanding How Shame Affects Your Life ("Liberarse de la vergüenza: Entender cómo afecta tu vida") (versión en inglés)* (Center City, MN: Hazelden, 1989).

R. Potter-Efron, *Handbook of Anger Management ("Manual para gestionar la ira") (versión en inglés)* (New York, NY: Routledge, 2005).

B. Shoshanna, *The Anger Diet: Thirty Days to Stress-Free Living ("La dieta de la ira: Treinta días con una vida sin estrés") (versión en inglés)* (Kansas City, KS: Andrews McMeel Publishing, 2005).

ESPIRITUALIDAD Y MEDITACIÓN

Anonymous, *The Courage to Change ("La valentía de cambiar") (versión en inglés)* (New York, NY: Al-Anon Family Group, 1992).

M. Beattie, *Journey to the Heart ("Trayectoria al corazón") (versión en inglés)* (Center City, MN: Hazelden, 1990).

M. Beattie, *The Language of Letting Go ("El lenguaje del dejar ir") (versión en inglés)* (Center City, MN: Hazelden, 1990).

K. Casey, *Each Day a New Beginning ("Un nuevo comienzo cada día") (versión en inglés)* (Center City, MN: Hazelden, 1982).

P. Coelho y A.R. Clarke, *El alquimista (Versión en español)* (New York, NY: Harper, 2006).

E. Kurtz y S. Ketchum, *The Spirituality of Imperfection ("La espiritualidad de la perfección") (versión en inglés)* (New York, NY: Bantam, 1993).

E. Larsen, *Days of Healing, Days of Joy ("Días de curación, días de alegría") (versión en inglés)* (Center City, MN: Hazelden, 1987).

B. Manning, *The Ragamuffin Gospel: Good News for the Bedraggled, Beat-Up, and Burnt Out, ("El evangelio de los harapientos: Buenas noticias para los desaliñados, golpeados y quemados") (versión en inglés)* (Sisters, OR: Multnomah, 2005).

S. Mcniff, *Trust the Process: An Artist's Guide to Letting Go ("Confía en el proceso: Una guía artística para dejarlo ir") (versión en inglés)* (Boston, MA: Shambhala, 1998).

M.S. Peck, *El camino menos transitado: Una nueva psicología del amor, valores tradicionales y crecimiento spiritual. (Versión en español)* (New York, NY: Touchstone, 1998).

TRAUMA

M. Browne y M. Browne, *If the Man You Love was Abused: A Couple's Guide to Healing ("Si el hombre que amas sufrió abusos: Una guía de curación para parejas") (versión en inglés)* (Avon, MA: Adams Media, 2007).

C. Courtois, *It's Not You, It's What Happened to You: Complex Trauma and Treatment ("No eres tú, es lo que ha ocurrido contigo : Traumas complejos y tratamientos") (versión en inglés)* (Autopublicado: 2014).

J. Crane, *The Trauma Heart: We Are Not Bad People Trying to Be Good, We Are Wounded People Trying to Heal: Stories of Survival, Hope and Healing "El corazón del trauma: No somos malas personas intentando ser buenas. Somos personas heridas intentando sanar: Historias de supervivencia, esperanza y curación."* *(versión en inglés)* (Deerfield Beach, FL: Health Communications, Inc., 2017).

T. Dayton, *Heartwounds ("Heridas del corazón") (versión en inglés)* (Deerfield Beach, FL: HCI, 1997).

T. Dayton, *Trauma and Addiction ("Trauma y adicción") (versión en inglés)* (Deerfield Beach, FL: HCI, 2000).

T. Dayton, *The Soulful Journey of Recovery: A Guide to Healing from a Traumatic Past for ACAs, Codependents, or Those with Adverse Childhood Experiences ("La conmovedora trayectoria de la recuperación: Una guía para sanar del pasado traumático para ACA, codependientes y aquellos con experiencias infantiles adversas") (versión en inglés)* (Boca Raton, FL: Health Communications, Inc., 2019).

R. Gartner, *Beyond Betrayal: Taking Charge of Your Life After Boyhood Sexual Abuse ("Más allá del engaño: Tomar las riendas de tu vida después de un abuso sexual infantil") (versión en inglés)* (Hoboken, NJ: Wiley & Sons, 2005).

P. Levine y A. Frederick, *Waking the Tiger: Healing Trauma: The Innate Capacity to Transform Overwhelming Experience ("Despertar al tigre: La capacidad innata de transformer las experiencias abrumadoras") (versión en inglés)* (Berkeley, CA: North Atlantic Books, 1997).

P. Walker, *Complex PTSD: From Surviving to Thriving ("SEPT complejo: De la supervivencia a la prosperidad") (versión en inglés)* (Contra Costa, CA: Azure Coyote Publishing, 2013).

PROBLEMAS FEMENINOS

R. Ackerman, *Perfect Daughters ("Las hijas perfectas") (versión en inglés)* (Deerfield Beach, FL: HCI, 2002).

H. Edelman, *Motherless Daughters: The Legacy of Loss ("Hijas sin madre: El legado de la pérdida") (versión en inglés)* (Cambridge, MA: Da Capo Press, 2006).

L. Frankel, *Women, Anger, and Depression ("Mujeres, ira y depresión") (versión en inglés)* (Deerfield Beach, FL: HCI, 1991).

N. Friday, *My Mother/Myself: The Daughter's Search for Identity ("Mi madre/Yo misma: La búsqueda de identidad de una hija") (versión en inglés)* (New York, NY: Delta, 1997).

M. Grad, *La princesa que creía en los cuentos de hadas (Versión en español)* (Chatsworth, CA: Wilshire Book Co., 1995).

C. Kasl, *Women, Sex, and Addiction ("Mujeres, sexo y adicción") (versión en inglés)* (New York, NY: Harper, 1990).

M. Maine, *Father Hunger ("Padre hambriento") (versión en inglés)* (Carlsbad, CA: Gurze Books, 2004).

D. Miller, *Women Who Hurt Themselves ("Mujeres que se dañan a sí mismas") (versión en inglés)* (New York, NY: Basic Books, 1994).

D. Weiss and D. DeBusk, *Women Who Love Sex Addicts ("Las mujeres que aman a adictos al sexo") (versión en inglés)* (Deerfield Beach, FL: HCI, 1993).

Notas finales

Capítulo uno

1 B. A. Steffens and R. L. Rennie, "The Traumatic Nature of Disclosure for Wives of Sexual Addicts." *Sexual Addiction & Compulsivity, Volume 13* (2006): 247-267.
2 D. Laaser, H. L. Putney, M. Bundick, D. L. Delmonico, and E. J. Griffin, "Posttraumatic Growth in Relationally Betrayed Women." *Journal of Marital and Family Therapy, Volume 43, Issue 3* (2017): 435-447.
3 J. M. Gottman and N. Silver, *The Seven Principles for Making Marriage Work: A Practical Guide from the Country's Foremost Relationship Expert* (New York, NY: Three Rivers Press, 1999).

Capítulo dos

1 S. Carnes, "Executing a Well Managed Disclosure" (2020, In Process).
2 J. P. Schneider and B. Schneider, "Couples Recovery from Sexual Addiction and Co-addiction: Results of a Survey of 88 Marriages." *Sexual Addiction & Compulsivity, Volume 3* (1996): 111-126.
3 J. M. Gottman and N. Silver, *What Makes Love Last? How to Build Trust and Avoid Betrayal* (New York, NY: Simon and Schuster, 2012).

Capítulo seis

1 D. M. Ruiz, *The Four Agreements: A Practical Guide to Personal Freedom* (San Rafael, CA: Amber-Allen Publishing, Inc., 2018).
2 J. M. Gottman and N. Silver, *The Seven Principles for Making Marriage Work: A Practical Guide from the Country's Foremost Relationship Expert* (New York, NY: Three Rivers Press, 1999).
3 D. Laaser, *Shattered Vows: Hope and Healing for Women Who Have Been Sexually Betrayed* (Grand Rapids, MI: Zondervan, 2008).

Capítulo siete

1 B. Bercaw and G. Bercaw, *The Couple's Guide to Intimacy: How Sexual Reintegration Therapy Can Help Your Relationship Heal*, (Pasadena, CA: California Center for Healing, Inc., 2010).

Capítulo ocho

1 S. Johnson, *Hold Me Tight: Seven Conversations for a Lifetime of Love* (New York, NY: Little, Brown and Company, 2008).
2 S. Johnson and L. Greenberg, "Emotionally Focused Couples Therapy: An Outcome Study." *Journal of Martial and Family Therapy, Volume 11, Issue 3* (1985): 313-317.
3 J. M. Gottman and N. Silver, *The Seven Principles for Making Marriage Work: A Practical Guide from the Country's Foremost Relationship Expert* (New York, NY: Three Rivers Press, 1999).

NOTAS

www.ingramcontent.com/pod-product-compliance
Lightning Source LLC
Jackson TN
JSHW071356310325
81035JS00002B/2

9781940467122

La Dra. Stefanie Carnes ha construido una visión muy práctica y equilibrada para tratar las infidelidades. Este libro será útil para las parejas que quieran abordar directamente la infidelidad y salvar la relación. Sus consejos son muy directos y útiles. Es una lectura muy práctica y necesaria, especialmente para las parejas que enfrentan la crisis de la traición.

—|Dr. John Gottman, Autor de "The Seven Principles for Making Marriage Work"

Finalmente, un libro que se enfoca en la sanación y recuperación de la pareja después de la traición sexual. "Amor Valiente" ofrece una excelente guía para la sanación de las parejas. Los estudios de casos y los ejercicios me parecen muy útiles. No puedo esperar para compartir este libro con mis clientes.

—Dr. Kevin Skinner, Autor de "Treating Trauma from Sexual Betrayal: The Essential Tools for Healing "

"Amor Valiente" guía a las parejas sobre cómo reparar su relación de los estragos de la traición íntima. Los lectores tendrán la confianza para navegar un proceso doloroso, difícil, pero necesario, mientras enriquecen su objetivo de restaurar su confianza y sanar la relación destrozada. Los terapeutas aprenderán a implementar nuevas formas de trabajar con este complicado proceso y a dominar intervenciones de las que antes no estaban seguros. ¡Bravo a la Dra. Stefanie Carnes por su enfoque integral y compasivo!

—Dr. Alexandra Katehakis, Autora de "Sexual Reflections: A Workbook for Designing and Celebrating Your Sexual Health Plan"

No hay nada que pueda romper la conexión amorosa entre una pareja como la traición. En "Amor Valiente", la Dra. Stefanie Carnes proporciona una guía paso a paso para reparar tu relación, ya sea que esté dañada por la infidelidad, la pornografía o el comportamiento sexual compulsivo y adictivo. La Dra. Carnes enseña a las parejas cómo entenderse mutuamente con compasión y empatía y cómo mantener la esperanza en su relación. Ella detalla un proceso minucioso para volver a encaminar tu relación y llevarla a una nueva etapa de desarrollo. Este libro es una lectura necesaria para parejas que luchan con las secuelas de la traición.

Stefanie Carnes, Ph.D., es la presidenta del Instituto Internacional para Profesionales del Trauma y la Adicción, y miembro sénior en Meadows Behavioral Healthcare, donde trabaja con clientes adictos y sus familias. Es terapeuta matrimonial y familiar licenciada y supervisora aprobada por la AAMFT. La Dra. Carnes también es sexóloga clínica y terapeuta y supervisora certificada en adicción sexual, especializada en terapia para parejas y familias que luchan con comportamientos sexualmente compulsivos. Es Autora de numerosas publicaciones, incluyendo sus libros *Mending a Shattered Heart: A Guide for Partners of Sex Addicts*, *Facing Heartbreak: Steps to Recovery for Partners of Sex Addicts*, y *Facing Addiction: Starting Recovery from Alcohol and Drugs*.

P.O. Box 2112
Carefree, AZ 85377
www.gentlepath.com